〈지중해 국가정보 시리즈 II〉

지중해의 일상과 축제

: 열정과 환희의 파노라마

이 저서는 2007년 정부(교육과학기술부)의 재원으로 한국연구재단의 지원을 받아 수행된 연구임(KRF-2007-362-A00021)

〈지중해 국가정보 시리즈 Ⅱ〉

지중해의 일상과 축제

: 열정과 환희의 파노라마

지중해지역원 지음

임주인
장니나
최자영
김희정
우덕찬
신성윤
이효분
최재훈
(목차순)

이담
Books

　이 책은 부산외국어대학교 지중해지역원에서 2010년 국가정보시리즈로 기획 출판된 것이다. 지중해의 서쪽 끝 스페인에서 동쪽의 자그마한 이스라엘에 이르기까지 다양한 지중해의 축제를 한자리에 모았다. 스페인의 토마토 축제나 소몰이 축제 같이 세계에 널리 알려진 것도 있지만, 잘 알려져 있지 않은 것들도 있다. 한편, 지중해의 축제 가운데는 우리와 비슷한 것도 있다. 목자들의 수호 성인인 '성 요셉의 축제'로 불리는 스페인의 파야스 축제는 우리 쥐불놀이 같고, '모든 성인의 날'은 추석에 해당한다.

　지중해지역은 유대교, 그리스 정교 가톨릭 기독교, 이슬람교 등 주요 종교의 발상지인 만큼 종교적인 축제가 많다. 스페인의 대부분의 축제가 가톨릭교와 연관성을 맺고 있고 출애굽 사건을 기념하는 유월절 등 이스라엘 축제의 기원은 유대교에 근간을 두고 있다. 이슬람권은 초국가적 신앙의 공동체로서 이슬람력의 절기를 지키는데, 라마단을 비롯한 쉬아 무슬림 축제의 대부분은 태음력인 이슬람력을 중심으로 행해진다. 또 그리스 정교나 가톨릭교 등 기독교의 영향이 강하게 남아있는 지중해지역의 경우, 그 형태는 조금씩 다르지만 공통적으로 사순절과 부활절을 지킨다. 이렇게 지중해 각 지역의 종교 축제는 다양성은 물론 공통점을 함께 가지고 있음을 일견할 수 있다.

이탈리아의 '훼스타(종교적)'와 '훼리아(휴일)'는 일상에서 종교적 의식에 들어선다는 뜻과 함께, 국가 생성이전 하부 공동체의 유대를 강화하고 생의 활력소를 진작시킨다는 의미를 내포하고 있다. 이처럼 축제 중에는 그리스 전통의 자연의 신들처럼 인간이 가진 희노애락의 자연성을 기리거나, 공동체적 연대감을 강화시키는 세속적인 축제들이 있다. 터키의 딸기 축제는 공동체의 생산성 향상을 위한 것이고 향토축제인 야을르 규레쉬는 공동체의 일체감을 진작시키기 위한 것이다. 다양한 축제의 빛을 담고 있는 프랑스도 지역의 특수성을 고려한 향토문화축제로 스포츠와 결합되어 공동체 결속을 다지는 마르세유의 에스타크 창 시합이 유명하다.

또 축제는 인간사의 긍정적인 면만을 보여주는 것이 아니라는 점이 중요하다. 그리스의 '칼리칸자로스'는 크리스마스 때 출현하여 신년 1월 6일에 사라지는 악마로서 사람을 해치고 다닌다. 따라서 사람들은 한편으로는 축제를 벌이면서도 다른 한편으로는 고통과 불길한 것에 대한 경계심을 놓지 않는다. 각 지역 및 민족의 일상과 축제는 삶이 주는 기쁨과 고단함을 함께 노정하면서, 더불어 사는 삶의 지혜와 가치관을 반영하고 있다.

2010년 7월 12일
우암동 연구실에서
지중해지역원 집필진 일동

Contents

Contents

종교와 접목된 일상으로부터의 일탈, 스페인 축제

임주인[*]

1. 계절별로 살펴본 스페인 축제

* HK 연구교수

스페인의 축제는 계절에 따라 다양하게 행해지는데 그 대부분이 종교성과 밀접하게 관련되어 있다는 공통점을 갖는다. 예를 들어 산 페르민 축제는 소몰이로 유명하지만 그 안에는 페르민이라는 성인의 순교와 관련되어 있고, 발렌시아의 불꽃 축제, 일명 페리아 축제는 목수의 수호신으로 알려져 있는 성 요셉을 기리는 의미를 내포하고 있는 것 등이 그러하다. 그렇지만 축제 그 이면에는 종교적인 의미만으로는 설명할 수 없는 축적된 민족 특유의 전통과 공동체적 연대감이 담겨 있다. 그렇다면 지중해 축제 문화의 한 부분으로서의 스페인 축제가 지닌 특성은 무엇인지에 대해서 살펴보고자 한다.

스페인의 축제는 문화예술 축제, 지역특산물 축제 그리고 전통문화 축제의[1] 세 가지 종류로 나눌 수 있다. 문화예술 축제의 경우, 다양한 음악과 춤, 연극과 영화 등 다양한 문화 축제가 이루어지는 것으로, 그라나다의 국제 음악 페스티벌(6~7월), 바르셀로나의 국제 음악 페스티벌(9~10월), 산탄데르의 국제 음악, 춤 페스티벌(7월 15일~8월 초), 메리다의 국제 연극제(6월 말~8월 초), 산 세바스티안 국제 영화제(9월), 바야돌리드의 국제 영화제(10월), 바르셀로나의 포르노 영화제(7월 24~27일), 씻제스(Sitges) 국제 판타스틱 영화제(10월 3~13일) 등이 있다.

그리고 둘째로 지역특산물 축제는 지역의 특산물을 체험하

---

1) 김용호, "원형상실의 문제점 - 스페인 세비야의 4월 축제와 전주 풍남제 -", 『축제로 이어지는 한국과 유럽』, 2004, p.42.

고 문화적 전통을 소개함으로써 상품의 홍보 및 판매 활성화를 꾀하는 가장 자본주의적인 축제로 출판 산업 도시인 바르셀로나의 책과 장미 축제(4월 23일), 씻제스의 꽃 양탄자 경연 대회(6월), 무르시아의 포도 수확 축제(8월 15〜23일), 부뇰의 토마토 싸움 축제(8월 마지막 수요일), 뽄떼베드라(Pontevedra)의 해산물 축제(10월 6〜14일), 꼰수에그라(Consuegra)의 샤프란 축제(10월 마지막 주말) 등이 지역특산물과 관련된 스페인 축제들이다.

세 번째로 전통 문화 축제는 다른 분야의 축제들에 비해 비교적 오래된 전통과 역사를 가지고 있거나 혹은 그러한 소재를 바탕으로 실시되고 있는 축제들로 지역 축제 문화의 활성화와 관련된 것들이다. 스페인의 경우 카니발(2월), 불꽃 축제(3월), 로씨오 축제(5월), 산 이시드로 축제(5월), 소몰이 축제(7월), 성 뻴라르 축제, 바르셀로나의 인간 탑 쌓기 등이 이에 속한다. 앞에서 분류한 축제들 중에서 한국에도 소개된 바 있는 축제들에 대해서 좀 더 상세하게 소개해 보고자 한다.

계절별로 살펴본 스페인의 축제

월별	축제 이름	장소
1월	세계 음악 축제, 고전 음악 콘서트, 오페라 축제 동방박사의 날　　　　(1월 6일)	카나리아 군도
2월	카니발 축제　　　　(2월 말)	카디스 테네리페 시체스
3월	라스 파야스 축제　(3월 15〜19일)	발렌시아

4월	이슬람교도와 기독교도축제 　　　　　　　　　(4월 21 ～ 24일) 세비야축제	알코이 세비야
5월	말축제　　　　　　　　　(5월 첫째 주) 산 이시도르 축제　　(5월 8 ～ 15일) 플라멩코 경연대회　　　　(3월 중순)	안달루시아 마드리드 코르도바
6월	국제음악 춤 축제 꼬빠 델 레이	바르셀로나
7월	산 페르민 축제	팜플로나
8월	토마토 축제	부뇰
9월	셰리주 축제	
10월	필라르 축제　　　　　(10월 4 ～ 13일) 스페인의 날 축제　　　(10월 12일) 사프론 축제　　　　　　(10월 하순)	살라망까 톨레도(꼰수에그라)
11월	모든 성인의 날　　　　　(11월 1일)	우엘바
12월	엘 고르도　　　　　　　(12월 22일) 산토스 이노센떼스 축제 　　　　　　　　　　(12월 28일)	마드리드(뿌에르따 델 솔)

2. 불 축제와 그 의미

라스 파야스

매년 3월 15일부터 19일까지 발렌시아에서는 파야스 축제
가 펼쳐진다. 파야스 축제는 그야말로 광란 그 자체다. 스페
인의 축제는 성인들과 관련된 경우가 많은데 이 축제는 목수
의 수호성자로 알려져 있는 성 요셉을 기념하는 축제다. 추
운 겨울을 무사히 지낼 수 있도록 해 준 데 대한 감사의 축
제로서 나무 널빤지나 헝겊 그리고 거대한 골판지 등을 이용
해서 유명인이나 정치인 등을 풍자하는 거대한 인형을 만들

어 불태우고, 불꽃놀이 등을 즐긴다. 이처럼 나무나 널빤지 등을 불태우는 것은 봄에 질병이 발병하는 것을 막는다는 '쥐불놀이'와 같은 현실적인 필요에서 생겨난다고도 할 수 있다.

파야스 축제는 아침 일찍부터 시작되는데, '라 데스빠르따(La Desperta)'라는 것이 있어 모닝콜처럼 8시쯤 거리 행진 밴드의 요란한 연주로 시민들의 잠을 깨운다. 시청이 있는 쁠라사 마요르(Plaza Mayor)에서는 오후 2시경에 불꽃놀이가 시작되고, 다양한 퍼레이드와 거리 파티가 펼쳐지고 스페인의 전통 음식인 빠에야 대회와 투우 경기가 펼쳐진다.

그러나 축제의 마지막 날인 19일 밤은 불꽃놀이가 절정을 이룬다. 여기서 만들어진 거대한 인형들은 그 시대의 주요 인사들, 예를 들면 올해 같은 경우 오바마 대통령을 본뜬 거대한 인형들이 만들어지는데 이들 중에서 가장 잘 만든 인형한 개가 전시되고 다른 모든 인형들은 19일 밤에 불살라진다고 한다.

불의 축제의 의미

기독교화된 불 숭배사상은 빛과 온기, 생명과 생산력을 주는 태양의 상징이며 신적인 위력의 속성이며 카타르시스의 매체인 불은 스페인의 많은 축제에서 두드러진 역할을 한다. 가축의 수호성인 안톤(San Antón) 축제(1월 17일)는 이교적인 불 숭배가 기독교화한 전형적인 예이다. 발레아레스 제도의 마요르카(Mallorca) 섬, 카스테욘(Castellón)과 테루엘(Teruel) 지방의 마에스뜨라스고(Maestrazgo) 일부 지역에서는 성 안톤 축제 전야 장작더미에 불을 지핀다. 그리고 악마나 태양신의 사제처럼 꾸민 자가 불 주위를 돌며 춤을 추고, 마치 지옥이라도 되는 양 뛰어서 불꽃을 통과한다. 어떤 면에서 보면 이러한 인물들은 성 안토니우스에 대한 유혹의 표현이기도 하다. 카스테욘 지방의 루세나 델 시드(Lucena del Cid)와 비야누에바 데 알꼴레아(Villanueva de Alcolea), 아빌라(Ávila)의 산 바르톨로메데 뻬나레스(San Bartolomé de Pinares)에서는 가축들의 수호성인 축제일이기도 한 이날 밤, 당나귀와 염소 등을 몰아 불을 통과하게 하는데 이때 불의 정화력은 질병으로부터 가축들을 지켜 주는 역할을 한다고 한다.

불이 마법이나 질병으로부터의 정화의 의미를 지닌다면 물역시 그런 의미를 지닌다고 하겠다. 마법적인 분위기의 성

요한의 축일날 밤(Noche de San Juan, 6월 23일) 스페인 전역에서 하지를 축하하기 위해 불을 피우고, 그 주위에 둘러앉아 노래하고 춤춘다. 이날 자정에는 샘이나 강, 호수, 바다에서 멱을 감거나 초원의 이슬에 뒹굴고, 그러지 못하면 최소한 손과 발, 얼굴이라도 씻는 것이 널리 퍼져 있는 관행이다. 그러면 상처가 없어지고 피부가 부드러워지는 등 특히 이날 밤의 물은 아름다움을 준다고 한다.

이베리아족과 켈트족이 하짓날 밤에 행했던 의식들을 교회가 기독교 노선으로 돌리기 위해 동지제사를 성탄절로 대체했던 것처럼 그리스도가 태어나기 반년 전인 하짓날을 세례 요한 축일로 정했다. 하지만 교회는 불의 악마적인 작용을 믿는 스페인의 신앙과 물의 마법을 완전히 몰아낼 수는 없었다. 소리아(Soria)지방 산 페드로 만리께(San Pedro Manrique)의 '불 위를 달리기'는 장관을 이루는데 스물네 명 정도 되는 남자들이 맨발로 빨갛게 타오르는 숯 양탄자 위를 하나도 데지 않고 거뜬히 달려간다. 이들 불 위를 달리는 사람들은 이런 일이 이날 밤과 이 지역에서만 가능하다고 말한다. 이것이 지금도 있는 켈트, 이베리아족의 성년식, 즉 불을 가지고 용기를 시험하는 의식인지 아니면 켈트, 이베리아족의 불멸 의식인지는 정확히 알려진 바 없다. 켈트, 이베리아족의 불멸 의식에서 뜨거운 불 위를 걷는 것은 불을 다스리는 신으로 변신하는 수단이었다.[2]

---

2) Ibid., pp.68-69.

3. 기독교와 무슬림 공존의 현장과 축제

알코이 축제(Alcoy)

알리칸테에서 행해지는 이 축제는 '기독교와 무슬림 축제' 라고도 하는데 4월 21일에서 24일, 나흘에 거쳐 행해진다. 스페인은 역사상 중세 711년부터 1492년 8세기에 거쳐서 무슬림 세력과 전투를 벌여 왔다. 알코이 축제는 무슬림 세력에 커다란 타격을 주었던 알코이 전투를 기념하기 위한 것이다. 이 축제를 위해서 주민들은 의상과 장비 등을 준비하여 거리에서 중세 무슬림과 기독교인 의상과 깃발, 무기를 들고 모의 전투를 벌이기도 하고, 행진 퍼레이드를 펼치기도 한다. 퍼레이드가 지나가는 거리의 양쪽 발코니에는 기독교 십자군

깃발이 걸리고 전쟁을 방불케 하기 위해서 불꽃놀이나 폭죽 등을 터뜨려서 연기가 자욱하게 된다.

이처럼 무어인과 기독교도 축제 '레콘키스타(Reconquista, 국토재정복운동)'가 수백 년에 걸친 무어인과 기독교도 사이의 전쟁이라는 역사적 사건을 기념하는 행사인 만큼 전투 가운데 몇몇은 인접해 있는 두 지역 간의 역사적인 대항 관계에서 유래한 것임에 틀림없다. 이러한 관계는 아로와 부르고스(Burgos)지방 미란다 데 에브로(Miranda de Ebro) 사이의 분쟁처럼 경계선 분쟁에 기인한 것이기도 하고 바싸와 구아디스의 분쟁처럼 성모 마리아상을 둘러싼 싸움에 기인한 것이기도 하다. 또 토지를 농경지로 이용할 것이냐 목초지로 이용할 것이냐의 문제를 둘러싸고 하란디야에서 농민과 목장주들 사이에 벌어졌던 싸움처럼 한 마을에 사는 두 집단 간의 싸움일 수도 있다. 그런 것이 아니면 '싸움'은 그저 야생 그대로의 쾌락에 대한 세속적인 욕구를 만족시켜 주는 것일 뿐이다. 이들의 알코이 축제는 이런 면에서 볼 때, 기념인 동시에 신성한 쾌락인 것이다.

4. 스페인의 종교 축제

성주간 축제(Semana Santa)

스페인에서의 성주간 축제는 안달루시아 지역 전역에서 행해지는 축제이다.

성주간은 부활절을 앞둔 한 주간으로 거대한 빠소(paso), 말하자면 일종의 뗏목 같은 것을 지고 마을을 돌면서 퍼레이드를 펼친다. 여기서 뗏목을 지는 사람들 앞으로 '참회자'들의 행렬이 앞서게 된다.

이 축제 기간에는 40명가량의 신도단이 두 개의 뗏목을 나누어 지게 되고 살아생전에 성주간 뗏목을 져 보는 것을 큰 영광으로 여긴다. 2004년에서 2005년에 걸쳐서 비가 많이 와 뗏목 퍼레이드가 취소되자 뗏목을 지려던 이들이 길가에서 소리쳐 울었다고 한다. 뗏목의 무게가 2,000kg이 넘기도 하는데 이날을 위해 수개월 동안 준비된다. 평균 한 명이 50kg의 무게를 감당해야 하는 것으로 계산된다.

어떤 마을에서는 여성들이 이 뗏목을 지기도 하는데 그 경우 원래의 규격보다 조금 작다고 하는데 안달루시아의 주요 도시인 우엘바, 세비야, 그라나다, 말라가, 코르도바에서는 보통 여성들이 이 뗏목을 지지는 않는다. KKK단처럼 옷을 입고 눈만 내놓은 이들은 참회자들로, 신은 자신들을 알고 있다는 의미로 얼굴을 밖으로 내놓지 않는다고 한다. 성주간

은 종려주일에 시작되어 그리스도가 십자가에 못 박히는 금요일 그리고 부활절 아침까지 이어지는데 그때그때 분위기가 바뀌게 된다.

금요일에는 퍼레이드가 자정 교회에서 떠나 행진을 하고 오전 3시경에 행진의 하이라이트라고 할 수 있는 세비야에서 가장 존경받는 라 마카레나 성녀상 행진을 끝으로 공식 루트를 돌고는 오전 6시에 끝난다.

성체 축일

톨레도, 발렌시아, 세비야, 그라나다 등지의 성체 축일 행렬은 본격적인 축제의 모양새를 갖추고 있다. 성체 축일 행렬은 본격적인 축제의 모양새를 갖추고 있다. 성체 축일 행렬은 애초에는 기독교가 이교도를 제압한 것을 기리는 승전의 행렬이었는데 반종교개혁과 더불어 가톨릭교회의 힘을 과시하기 위해 장려한 바로크적인 의식으로 바뀌었다. 그러잖아도 가톨릭교회는 그리스도의 몸이 현재한다는 그네들의 교의를 성찬식을 통해 공표하고 있던 터였다. 애초의 성체 축일 행렬은 이 시기에 역사의 위계질서 및 교회와 국가의 공생 관계를 반영하는 화려한 의식으로 탈바꿈했다. 오늘날의 성체 축일 행렬은 교회와 민간인과 군의 고위 인사들이 벌이는 이를테면 의정서의 행진인 셈이다. 성체 축일 행렬이 지나가는 길에 면한 발코니는 국기와 울긋불긋 수놓은 천들로 장식되어 있고 바닥에 뿌린 약초에서는 기분 좋은 냄새가 번져 나오고 거리와 광장은 내리꽂히는 햇빛으로 어지럽다. 만물은 햇빛을 받아 부드러운 빛 속에 잠긴다. 옛 시동과 하인, 의전관의 옷차림을 한 사람들이 진귀한 문장, 군기, 왕관, 왕홀 또는 왕검 등 그 도시와 지방의 고색창연한 상징물들을 들고 지나간다. 대성당 십자가 뒤로는 수도승당 및 종교 단체의 대표들과 화려한 성직복 차림의 성직자와 주교좌성당 참사회가 따르고 대기는 향냄새로 충만하다. 성찬이 놓인 성체 현시대 위로 발코니에서 뿌린 꽃비가 내리고 군중 속에서는 찬미의 구호와 박수 소리가 울려 퍼진다.

주현절

동방박사의 날로도 알려져 있는 주현절은 1월 6일로 스페인 어린이들에게 가장 뜻깊은 날이다. 동방박사 중에서 발따싸르(Baltasar)라고 불리는 동방박사가 아이들에게 당나귀를 타고 와서 선물을 준다고 알려져 있다. 이날, 동방박사 차림을 한 세 명의 사람들이 병원과 고아원 등을 돌면서 스페인

전역에 있는 어린이들에게 선물을 주게 된다.

성인의 날

또도스 로스 산또스(todos los santos)의 날은 번역하면 '모든 성인들의 날'로서 달력상으로 11월 1일이다. 우리나라의 추석처럼 친척의 무덤을 찾아가서 명복을 비는 날로서 매년 이날이 되면 친지의 무덤을 방문하여 꽃 등으로 무덤을 장식하게 된다. 스페인에서는 각자 개인의 수호성인을 갖고 있기 때문에 이들을 기리는 날이라는 의미에서 성인의 날이라는 명칭을 갖게 되었다.

필라르 축제

필라르 성모 추모 축제라는 공식명칭을 갖고 있는 이 축제는 예수 그리스도의 육친의 동생인 사도 산티아고(야고보)와 관련된 축제다. 기원후 40년 1월 2일 밤, 야고보가 에브로 강변에 있다가 아베 마리아를 노래하는 천사들의 목소리를 듣고 대리석 기둥 위에 서 있는 그리스도 어머니가 출현하는 것을 보았다. 성모는 기둥 주변에 제단을 갖춘 성당을 세우라고 요청했고 야고보는 개종자들의 협력으로 성당을 건축하고 유대지방으로 돌아가기 전, 자신의 제자에게 서품을 주고 성당을 봉헌하고 산타 마리아 델 필라르(Santa María del Pilar)라는 명칭을 부여했다.[3] 이후 이 성당에서 많은 기적이 일어났고 교황 클레멘스 12세가 성모 필라르의 축일로 10월 12일을 지정해서 성모의 출현을 기념했다. 그리고 필라르 축제가 대중에게까지 이어지게 된 것은 70년대 말부터이다. 현재는 10월 4일부터 13일까지 축제가 행해지고 12일은 대표적인 행사인 헌화식이 행해진다. 각지에서 모인 사람들이 각종 꽃을 들고 거리를 활보하다가 기둥 위의 성모, 필라리카(Pilarica)에게 이 꽃을 바친다. 뿐만 아니라, 가을밤을 밝히는 유리등 기도 행렬(El Rosario de Cristal)과 야회 등이 10일간 펼쳐진다.

---

3) 김상유, "전통문화축제의 상징과 실제 – 스페인 사라고사의 필라르 축제와 남원 춘향제", 『축제로 이어지는 한국과 유럽』, 〈문화연구총서 5〉.

성지 순례

로메리아(Romería), 즉 성지 순례에서도 종교적 열정과 충심어린 귀의의 장면들을 볼 수 있다. 물론 옛날부터 이러한 종교적 의식은 세속적인 향락과 육신의 방종을 위한 전주곡이거나 구실에 불과했다. 예컨대 성령 강림절 때 우엘바(Huelva)에서 열리는 '로씨오(Rocío)'가 그렇다. 로씨오는 약 백만 명가량의 인파가 참가하는 스페인 최대의 순례로 이곳에서 아주 먼 바르셀로나, 발렌시아, 마드리드, 그란 카나리아 그리고 북아프리카의 세우타(Ceuta) 등지의 수도회 90개도 이곳으로 순례를 온다. 로씨오는 어떤 면에서는 세비야의 4월 축제가 과달키비르 강 유역의 습지까지 전해진 형태라고 할 수 있다. 또 다른 면에서 보면 성지 순례는 이교적인 과거로의 여행이 되기도 한다. 이베리아 반도의 한쪽에 위치한 북갈리시아의 가파른 해안가 라 코루냐(la Coruña) 지방의 산 안드레스 데 떼이시도(San Andrés de Teixido, 일 년 내내, 특히 11월 27일부터 30일까지)로 향하는 순례가 그렇다. 갈리

시아 토속의 가장 비중 있는 이 순례 의식에는 마치 집광 렌즈를 들이댄 듯 갈리시아의 미신, 켈트족에게서 유래한 조상 숭배, 돌이나 불, 약초 숭배 등의 요소들이 하나로 묶여 있다. 수백 년 동안 산 안드레스 데 떼이시도 성지 순례는 전 스페인적, 전 유럽적 차원의 성지 순례인 라 고루챠의 산티아고 데 콤포스텔라 순례만큼이나 순례자들이 많다.

크리스마스 축제

불과 얼마 전까지만 해도 스페인에서는 주현절(동방역사의 날)에만 선물을 주었다. 하지만 지금은 크리스마스이브에도 선물의 일부를 주는 것이 관례가 되어 가고 있다. 성탄 새벽 미사, 즉 스페인어로 '미사 델 가요(Misa del Gallo, 수탉의 미사)'는 새로운 날과 빛, 생산 등의 상징으로 예나 지금이나 많은 이들이 참석한다. 이날 새벽 미사에는 청소년들도 참석하는데 이들은 영화관이나 디스코텍이 문을 닫기 때문에 성당에서 만나는 것이 좋다. 딸들이 자기 부모 집에서 가족과 함께 식사하며 크리스마스이브를 보내고 크리스마스 점심 때 남편의 부모에게 가는 풍습은 매우 기이하기도 하고 또 정겹기도 하다. 섣달그믐의 경우, 자정이 지난 후, 집 밖에서 축제가 계속되는 점을 제외하면 섣달그믐과 설날의 경우에도 이러한 풍습이 지켜지기는 마찬가지이다.

스페인에서 크리스마스 축제의 절정은 엘 고르도(El Gordo)라고 하는 크리스마스 복권이다. 스페인어로 '뚱뚱하다'라는 의미의 고르도는 엄청나게 많은 수의 스페인인들에게 혜택이 돌아가는 복권이라는 의미가 있다. 1997년에는 그 상금이 우리 돈으로 1조 6,800억 원이 넘어 세계 최대의 복권이 되었다. 고르도는 한 장에 우리 돈으로 30만 원을 호가하고 있으며 그 큰 액수로 말미암아 각 번호는 10등분되어 있어 10분의 1씩 구입할 수도 있고 전체를 구입할 수도 있다. 이런 고르도의 특성상, 대부분의 경우 그 복권 당첨자는 여러 명이 되고 함께 부자가 된 동네나 구역은 온통 축제를 벌이게 되는 것이다. 한마디로 낙천적인 스페인 사람들이 더욱 신나고 즐겁게 생활할 수 있도록 부추겨 주는 것이 이러한 복권문화라고 볼 수 있다. 스페인 성인의 98%가 복권을 사는 이유는 15%의 당첨 확률을 갖기 때문이기도 하지만 이 복권 판매 수익금이 맹인들의 복지를 위해 사용된다는 이유에서도 대중의 호응을 얻고 있다. 같은 번호를 많이 찍어 내면서 당첨금이 우리나라 돈으로 5억 원가량 되기 때문에 여러 명에게 당첨금이 골고루 돌아가는 세계적으로 보기 드문 복권이라 하겠다. 12월 22일는 당첨자를 뽑기 때문에 하루 종일 텔레비전이나 라디오에서 멀리 벗어나지 않는 날이기도 하다.

앞에서 언급했듯이 크리스마스이브인 12월 24일은 스페인어로 '노체 부에나(Nochebuena)'로 가족들과 함께 모여서 즐기고 대부분의 바나 레스토랑은 문을 닫는다. 크리스마스 음식으로는 양고기나 달콤한 뚜론(turrón), 샴페인과 와인 등이 나온다. 어린이들에게는 작은 선물이 주어지고 실지로 주현절이라고 부르는 '동방박사의 날(dia de los magos)'에 선물이 주어진다.

스페인은 정형화된 크리스마스트리를 마지막으로 받아들인 나라 가운데 하나로 특히 카탈루냐와 무르시아 지방에서는 성탄절 이야기를 조형적으로 표현한 구유의 아기 예수상과 이것을 연극으로 묘사한 성탄극이 동방박사 이야기와 함께 성극 전통의 큰 줄기를 이루고 있다. 스페인의 연극 중에서 연륜이 가장 깊은 것은 13세기 톨레도에서 시작된 아우또 데 로스 레예스 마고스(Auto de los Reyes Magos, 동방박사극)이다.

5. 투우와 관련된 축제

산 이시도르 축제

마드리드 축제라고도 불리는 이 축제는 투우사의 수호 성자 산 이시도르(San Isidor)를 기리는 축제로 5월 15일에 열린다. 이날에는 마드리드 사람들, 일명 마드리레뇨(madrileño)들이 전통적인 마드리드 의상을 입고 거리를 활보하게 되는데 남성들은 모자와 조끼 등을 입고 손수건을 목에 두르고, 여성들은 우아한 드레스에 머리 스카프를 두르고 나온다.

셰리주 축제

세비야에서 남쪽으로 철도 혹은 버스를 이용해 1시간 거리에 있는 헤레스 데 라 프론테라는 스페인의 명주, 셰리주의 본고장이자 플라멩코의 발상지이다. 향기로운 술과 맛있는 음식이 기다리는 곳으로 문화의 향기가 그윽한 이 도시 사람들은 강한 자부심을 가진 동시에 이방인에게도 친절하다.

인구는 2만 명 정도로 규모는 작지만 셰리주나 마장 마술 그리고 플라멩코로 유명하다. 셰리주는 자연 건조시킨 이 지방 특산의 포도를 특수한 누룩과 안달루시아의 온난한 기후를 이용하여 양조한 도수 높은 와인으로 매년 9월과 10월에 걸쳐 열리는 가을 축제(Fiesta Otoño), 일종의 추수감사제에 나눠 마신다. 기마행렬이 거리를 화려하게 장식하는 플라멩코 페스티벌에서는 듣는 이의 마음을 울리는 칸테 혼도 (Cante Jondo, 혼의 노래)를 부른다. 그러나 이 도시는 이 시기에만 한하지 않고 언제라도 여행객들의 기대를 충족시키는 매력으로 가득 차 있어 셰리주만 마시고 있어도 잠시 자신이

여행객이라는 사실을 망각하고 이들과 어우러지는 동질감마저 느끼게 된다. 그리고 술 저장고인 셰리 양조장 보데가(Bodega)는 시내에 30군데가량 있으며 대형 보데가에서는 가이드가 동행하여 구경이나 시음을 할 수 있게 되어 있다. 저장고에 쌓여 있는 술통 중에는 저명한 정치가나 영화배우의 서명이 들어간 '매매계약서'도 붙어 있어 흥미롭다.[4]

산 페르민 축제

7월 6일에서 7월 14일까지 벌어지는 이 축제는 오전 8시를 알리는 산 페르민 성당의 종소리와 함께 시작된다. 산 페르민은 팜플로나 수호성인이자 3세기 말 주교를 지낸 성직자로서 이탈리아 태생의 산 페르민이 스페인 각지를 다니면서 선교활동을 하다가 순교를 당하게 되는데 처형자들이 그를 황소에 매어 끌고 다니면서 죽였다는 전설에 근거하여 이날 소몰이 축제를 하게 되었다고 전해진다.

로차피아 람파르트라고 하는 옛 요새 유적에서 투우장까지 859m가량의 거리를 평균 600kg이나 나가는 난폭한 소 6마리가 사람들과 함께 질주를 벌이게 된다. 이 소들 역시 특별히 산 페르민 축제를 위해서 길들여진 사나운 소들로서 대략 폭 5m의 거리를 10여 분 정도에 완주하게 된다. 200여 명의 구조요원이 대기한 가운데 양쪽 길가에는 방어막을 설치해서 사람들이 달리다가 피할 수 있는 공간을 마련하고 있다.

---

4) http://blog.naver.com/olaspain?Redirect＝Log&logNo＝100088075524

　이렇게 3여 분을 달린 소들은 투우장까지 들어가서 투우사와 또다시 일격을 벌여야 하는 운명에 처한다. 산 페르민 축제는 그 자체가 위험한 만큼 몇 가지 규칙을 정해 놓고 있다. 만 18세 미만의 미성년자는 참여가 금지되고, 소들을 자극시킬 행동을 취하지 말 것 그리고 만취 상태에서 경기에 참여할 수 없는 것 등이다. 이 같은 규칙하에 경기를 하기 때문에 위험한 축제임에도 불구하고 사상자들이 별로 발생하지 않는다.

　팜플로나 축제는 비단 이것뿐 아니라, 악기를 연주하며 거리 퍼레이드를 펼치기도 하고 불꽃놀이와 춤 등의 축제를 벌인다. 그리고 이 축제가 벌어지는 동안 일부 동물애호가들은 투우를 반대하는 운동을 벌이면서 관광객들의 시선을 끌기도 한다.

플라멩코 축제

플라멩코는 투우와 함께 스페인 축제에서 빠질 수 없는 단골 메뉴라 할 수 있다. 플라멩코의 역사라고 하지만 확실한 것은 알려져 있지 않다. 어원만 보더라도 '격정적인, 불타는 듯한'을 의미하는 형용사 flameante에서 기원했다는 설이 가장 유력한데 '플랑드르 지방'을 의미하는 단어인 flamenco에서 유래했다는 설 등이 있지만 어느 것도 명확하지는 않다. 역사가 제대로 알려져 있지 않은 것도 서민 속에서 태어나 서민 속에서 자란 민간 예술의 숙명일 것이다. 플라멩코가 탄생한 것은 15～16세기경의 안달루시아라고 한다. 유대교, 그리스도교, 이슬람교 등 세 종교가 혼재하면서 독특한 문화를 만들어 온 이 지방은 13세기부터 15세기에 걸쳐 레콘키스타에 의해 그리스도교도의 지역이 된 곳이다. 한편, 인도에 기원을 두고 유럽 각지를 유랑하던 롬(스페인어로 히타노, 영어로 집시, 현재는 바람직한 호칭은 아님)이 스페인에 유입되면서 역사에 남기 시작한 것도 15세기의 일이다. 그들은 점술과 예능, 제련, 말 매매에 재능을 보였고 재정복된 지 얼마 안 되는 안달루시아에 흘러 들어와 1499년에 발포된 정주령에 따라 각지에 흩어져 살게 되었다. 정주령이 내려졌다고 해서 주택이 제공되었던 것은 아니다. 오히려 그리스도교와 스페인어를 강요받았고 롬 고유의 문화가 부정되거나 차별받는 시대가 오래 이어졌다. 예능에 재능을 발휘했던 롬들은 이러한 슬픔을 노래에 담아 불렀고 그 가락은 그때까지 이어져 온 그들 자신의 음악과 안달루시아의 가락을 교묘하게 혼합시켰음에 틀림없다. 즉, 플라멩코는 차별받고 박해받던 롬들의 혼이 깃든 외침과 안달루시아의 풍토가 결합하여 이루어진 결정체인 것이다. 롬만의 힘으로 플라멩코가 탄생한 것은 아니겠지만 그들 없이는 플라멩코가 성립되지 못했을 것이다. 초기의 플라멩코는 현재와는 매우 달랐던 듯하다. 생활 속의 애환과 사랑 등 일상적인 일을 주제로 노래했고 반주는 손뼉을 치는 것만으로 이루어졌다고 한다. 지금은 플라멩코에 빼놓을 수 없는 기타나 캐스터네츠도 나중에 도입된 것이며 처음에는 구두도 신지 않았기 때문에 구두소리(사파테아도)의 효과를 살릴 수도 없었을 것이다. 현재의 형태에 가까워진 것은 19세기에 들어선 뒤부터이다. 처음에는 롬이 자신의 집에서 즐기던 것이었지만 다른 집 연회에 초대되고 축제에 불려 나감에 따라 이것을 좋아하는 사람이 많아졌으며 19세기 말에는 카페 칸탄테라는 플라멩코를 전문으로 공연하는 술집이 등장하면서 크게 유행하였다. 유행은 해외로까지 퍼졌고 20세기에 들어서자 무대 공연의 형태로 흥행이 이루어졌다. 유행과 발전에 따라 플라멩코의 주요 형식의 대부분은 이 시대에 완성되고 플라멩코는 황금시기를 맞이했다. 때를 같이하여 마찬가지로 안달루시아에서 탄생된 투우도 벨몬테, 호세리토라는 2대 스타 투우사에 힘입어 인기 절정에 이르렀으며 번영은 언제까지나 계속될 것처럼 생각되었다. 그러나 이윽고 쇠퇴하기 시작했다. 라디오나 영화 등 새로운 오락이 보급된 데다 1920년대 말부터 시작된 세계적인 불황, 1930년대의 내전으로 카페 칸탄테의 수는 급격히 감소하고 많은 스페인 사람들에게 플라멩코는 기억 속에서 사라져 갔다. 또 제2차 세계대전과 프랑코 독재 체제에 대한 주변국들의 반발로 인해 해외공연도 저조해졌다. 회복의 기미가 보이기 시작한 것은 1950년대부터이다. 국민 생활이 안정되고 해외에서 찾아오는 여행객이 다시 늘기 시작하자 급감했던 카페 칸탄테를 대신하여 타블라오라는 극장식 레스토랑이 등장했고 각지에서 플라멩코 페스티벌과 동호회가 활발해졌다. 무용수와 연주자도 새로운 스타가 속속 나타났다. 플라멩코 기타의 신이라 불리는 파코 데 루시아(Paco de Lucia) 등이 제2차 세계대전 후의 플라멩코 역사를 장식했다. 그리고 무대 예술로서도 플라멩코는 확고한 지위를 구축하기에 이르렀다.[5]

세비야의 축제(Feria de Abril)

세비야 축제는 부활절이 끝난 일주일 후부터 일주일 동안 세비야에서 연회되는 축제로 세비야 지역주민뿐 아니라, 세계적으로 유명한 스페인의 4대 축제 중의 하나다. 이 축제가 유명하게 된 데에는 세비야가 집시문화로도 유명한 안달루시아의 중심도시로서 외부 세계와의 교류도 많았다는 점을 무시할 수 없다. 사순절 시간 동안의 모든 기독교적 억압에서 해방되는 자유로움과 새봄의 도래를 만끽할 수 있는 이 축제

---

5) Just go, 스페인, 시공사, 2004, pp.350-351.

는 사순절 기간에 억눌려 왔던 고통에서 벗어난 것을 축하하기 위한 것이다. 한편, 종교적인 의미 외에도 19세기 근대화와 도시화가 시작되면서 목축과 농업이 주산업이던 이 지역이 쇠퇴해 가자, 보나파르트(Narciso Bonaparte)와 이바라(José María de Ybarra)가 시의회의 승인을 얻어서 1847년 축제를 열어 농·축산물 콘테스트를 개최하고 새로운 목축업과 농업기술 보급의 장으로 활용하게 된 것이 실제적인 이유였다고 전해진다.[6]

알룸브라오(Alumbrao)라는 불꽃 점화로 시작되는 이 축제는 일주일간 주민들의 일상을 마비시키다시피 한다. 까세따(caseta)라는 천막을 치고 빠에야나 따빠 등의 음식을 먹으면서 플라멩코 의상을 입은 여성들은 세비야나(sevillana)를 추면서 축제를 즐긴다.

6. 일상으로부터의 일탈과 축제

만우절

미국의 만우절에 해당하는 스페인의 산또스 이노센떼(Santos Inocentes)는 '죄 없는 성인들'의 날이라고 부르는데 이날 사람들은 자유롭게 거짓말을 즐기고 담소를 나눈다.

---

6) *op.cit.*, p.50.

섣달그믐

스페인에서의 섣달그믐은 노체비에하(Niche Vieja)라고 불리는데 자정 때까지 집에 머물러 있던 사람들이 12시를 치는 종소리에 맞추어 포도 12알을 먹으면서 새해에 행운을 바란다. 뿐만 아니라, 푸에르따 델 솔 광장에 모여서 까바(cava)를 마시면서 일출 때까지 밖에서 보낸다.

부뇰 축제

8월의 마지막 주 수요일, 발렌시아에서 가까운 부뇰에서 열리는 토마토 축제는 여름 축제 일정의 하이라이트 중의 하나로 자리 잡고 있다. 인구 9,000명의 작은 마을이지만 이 축제가 벌어지는 날이면 30,000명이 들어와서 장사진을 치게 된다. 토마토 축제의 기원을 여러 가지로 추측하고 있는데 그중 하나가 갑자기 1944년 토마토 농산물 가격이 떨어진 데 항의하여 시청 앞에서 화가 난 농민들이 시청 앞을 지나가는 관리에게 토마토를 던지면서 유래되었다고 한다. 또 경제적으로 낙후된 부뇰에 외지인이 나타나서 거드름을 피우자 이에 분격한 젊은이들이 토마토를 던진 데서 유래했다고 보기도 한다.[7] 이 축제에 참가하기 위해서는 몇 가지 준비와 함께 규칙을 따라야 한다. 일단 유리병을 소지해서는 안 되고 토마토 던지기를 하는 동안에 얼굴 등을 다칠 수 있기 때

---

7) "스페인, 부뇰 토마토 축제", op.cit., p.36.

문에 물안경을 착용하고 티셔츠와 반바지 차림에 여분의 옷을 준비하도록 한다. 그리고 미끄러질 위험을 방지하기 위해서 구두보다는 운동화를 신는 것이 안전하다. 토마토를 던질 때 완전히 으깨지 않고 던지는 것은 규칙에 어긋난다. 이러한 일련의 규칙하에 11시가 되면 대포소리와 함께 트럭 5대 분에서 쏟아지는 백만 개에 달하는 토마토를 집어 들고 던지기 시작한다.

오후 1시가 되면 토마토 던지기를 끝내게 되는데 끝나자마자 마을 소방대원과 일부 주민들이 청소 작업에 나서서 오후 3시가 되면 말끔하게 치워진다.

토마토 축제는 다른 스페인의 축제와 달리 하루 만에 끝난다는 것과 시간을 정해 놓아서 오후 1시 이후에 계속할 경우 벌금을 낸다는 엄격한 규범을 두고 있다는 점이 특이하다 하겠다.

아기점프 축제

부르고스에서 열리는 '아기점프 축제'는 '엘 꼬라초'라고 알려져 있는 축제로서 아기들이 마귀의 덫에 걸려들지 않고 건강하게 잘 자라기 위해서 거쳐야 하는 일종의 통과의례로 볼 수 있다. 아기 옷을 입은 한 성인남자가 바닥에 누워 있는 아이들 위로 점프를 하게 되는데 이것은 아이들을 마귀로부터 보호하고 정화시킨다는 의미를 갖고 있는 것으로 전통적인 미신과도 통하는 일종의 의식이라 할 수 있다.

여기서 남자는 광대 복장을 하고 있지만 실은 악마를 상징

하는 것으로 악마가 성찬식을 피해 달아나는 도중에 어린아이들을 눕혀 놓은 매트리스를 풀쩍 뛰어넘는데, 그렇게 하면 아이들은 일생 동안 악으로부터 보호받을 수 있다고 한다.[8] 일반 대중이 그저 지켜보는 관객에 그치지 않고 이러한 행렬에 적극적으로 참여할 수 있었던 과거에는 민속춤도 쉽게 볼 수 있었다. 지금도 세비야와 그라나다 지방에서 볼 수 있는 '세이세스(Seises)'는 이러한 옛날의 민속춤을 연상시킨다.

카니발 축제

스페인에서의 카니발 축제는 테네리페(Tenerife)와 카디스(Cádiz) 카니발 축제가 가장 유명하다. 카니발 축제의 기원은 여러 가지가 있겠지만 사순절로 보는 설이 유력하다. 스페인

---

8) 울리히 쿤 하인 편, *Feste Feiern in Europa*, 『유럽의 축제』, 심희섭 옮김, 서울: 컬처라인, pp.66–67.

뿐 아니라, 유럽 여러 나라들에서 공통적으로 나타나는 카니발 축제는 종교적인 이유에서 비롯되었다고 보는 것이 일반적이다. 축제를 시간성의 축으로 분류해 볼 때, 중요한 축제들은 겨울과 봄 사이에 이루어지고 있다. 스페인을 비롯해서 유럽의 경우 중요 축제들이 거의 한 시기에만 주로 집중된 것을 기독교적 전통에 의한 것으로 볼 수 있지만 기독교적 시간성만으로 설명하기에 미흡한 점들이 있다. 새해의 시작과 초자연적인 힘들로부터 풀려나고자 하는 '욕망의 표출'이라고 보기도 하고 바흐친은 카니발을 메니피아적 풍자가 발현되는 장소로 보았다. 즉, 공식적인 세계 저편에 제2의 세계와 제2의 삶을 건설하고자 하는 것을 의미한다는 것이다. 카니발에서는 모든 사람이 평등한 것으로 간주되어 인간이 새롭고 순수한 인간적 관계를 위해 재탄생하는 의미를 갖고 있다는 것이다.[9]

9) 김미성, "축제와 환상", *op.cit.*, p.109.

시지츠는 바르셀로나에서 남서쪽으로 30분 정도 거리에 있는 도시로 매년 30만 명이 이 축제에 참석한다. 카디스나 테네리페보다는 규모가 작지만 카니발의 기분을 가장 즐길 수 있는 곳이라는 데는 의심의 여지가 없다. 시지츠 카니발은 전 세계로부터 관광객들이 몰려들고 특별히 동성연애자들이 많이 참여하는 것으로 유명하다. 그들은 남녀 간에 서로 옷을 바꿔 입고 여장한 남성들이 거리를 활보하면서 콘테스트도 연다.

스페인의 남쪽에 위치한 카디스에서는 음악을 동반하여 독특한 카니발 축제가 펼쳐진다. 사람들로 가득한 광장이나 거리에는 야외 음악 밴드들이 연주를 하는데 대개 기타나 14세기 현악기인 류트를 연주한다. 여기서 연주되는 대부분의 음악들이 풍자적인 내용들로서 카디스의 주민들은 스페인에서 과연 가장 유머감각이 뛰어나다는 평을 들을 만하다는 것을 알게 된다. 정치가와 성직자 등이 우스꽝스럽고 위트와 재치가 넘치게 풍자된다. 대성당 주변에서 록음악이 연주되고 '그란 떼아뜨로 파야'에서 풍자 콘테스트가 열린다. 길거리 연극과 불꽃놀이 등을 즐긴다.

테네리페에서의 카니발은 유럽에서 가장 큰 카니발 축제로 손꼽을 수 있다. 이 기간에는 카니발의 여왕을 뽑는 등 온갖 콘테스트가 펼쳐진다. 이런 콘테스트에는 티켓이 필요하고 전통적인 구식 자동차 콘테스트나 어린 여왕 콘테스트 등이 있다.

스페인에서의 축제는 일 년 내내 있다고 해도 과언이 아니다. 2월 말경에는 스페인 전역에 거쳐서 카니발 축제가 펼쳐진다. 부활절 전날까지의 40일간을 부르는 사순절에 들어가기에 앞서 유럽에서도 그 규모를 자랑하는 카니발 축제가 펼쳐진다. 스페인에서의 카니발의 기원에 대해서는 몇 가지 추측이 있는데 그중에서 가장 유력한 것은 음울한 사순절 기간을 보내기에 앞서서 육체적인 즐거움과의 이별을 기념하는 행사라는 설이다.

어떤 이들은 카니발이 로마인들이 즐기던 12월 농신제 축제인 '사르툴리아'에서 기원했다고 본다. 이 축제에 참석한 사람들은 음주가무를 즐기면서 보냈는데 이 축제에서 처음으로 퍼레이드라는 것이 '카루스 나발리스'라는 이름으로 시작되었다는 것이다. 이 축제는 이교도적인 의식에 뿌리를 두고 있고 그런 이유로 스페인에서의 카니발 축제는 프랑코 독재 시절에는 금지되었었다.

스페인에서의 카니발 축제는 카나리아 반도와 카디스 그리고 바르셀로나의 시지스에서 가장 광적으로 펼쳐진다. 지방마다 그 지방 특유의 특성을 보이면서 즐기게 되는데 새벽까지 거의 잠을 설쳐 가면서 술과 춤을 즐긴다. 곳곳에서 가발을 쓰고 사치스러운 의상을 입고 거리를 누빈다.

지금까지 스페인 축제의 이모저모를 살펴보았다. 우리는 파야스의 불꽃과 성주간의 금욕적인 저들의 몸짓을 통해 세속을 벗어난 초월자적인 여유와 자신감을 엿볼 수 있다. 이러한 여유와 자신감은 어디서 오는가. 지중해를 누비면서 기염을 토해냈던 펠리페 2세 당시의 절대적 신앙심이 기반이

된 것일수도 있고 8세기간 무슬림과 유대인, 그리고 기독교
인이 한데 어우러져 살면서 터득한 공생의 묘일수도 있다.
이유야 어떻든 간에 스페인 축제를 통해, 우리는 과거와 현
재를 동시에 살아가면서 에너지의 완급을 조절하는 스페인인
의 삶에 대한 지혜를 엿볼수 있다.

색채의 연금술사, 프랑스 축제

장니나[*]

축제는 세상의 빛을 담고 있다고 한다.[1] 축제를 인문지리학 관점에서 풀이하는 김규원에 따르면 다양한 모습의 축제에는 실제 우리 눈에 보이는 색채와 축제에 내재해 있는 상상과 환상, 이미지가 녹아 있다는 것이다. 그러므로 우리는 축제 보기를 통하여 다채로운 일상문화를 공유할 수 있게 된다. 특히 지중해는 오랜 역사와 복합 문명의 교차로인 만큼 이곳 배경하에 이루어지는 축제의 여러 양상은 인간의 기원과 유사성, 상징을 이해하는 데 도움이 되는 것이다. 우리는 이제 지중해의 북쪽인 프랑스, 프랑스 중에서도 지중해와 지리적·역사적·문화적으로 깊은 연관이 있는 남프랑스의 축제에 동참해 보고자 한다.

흔히 프랑스는 색채감각이 뛰어난 예술의 나라로 인정받고 있다. 자유, 평등, 박애, 톨레랑스, 노블레스오블리주 등 민주

주의와 과학기술 강국 프랑스 이면에는 도시의 경관을 완성하는 조명의 색감과 루브르 박물관, 오르세 미술관, 퐁피두센터 등 수많은 다양한 장르의 보자르(Beaux‑arts)를 볼 수 있는 것, 그리고 일상에서 색상을 중요 가치로 여기는 국민성 때문일 것이다. 또한 예술품의 실용성에 고유의 색상을 덧대어 시적인 여유를 느끼게 해 주기 때문이기도 하고 자연이 품고 있는 여러 색채를 가미하는 응용이 돋보이기 때문이기도 할 것이다. 이러한 색채감각은 일상의 문화인 축제에서도 유감없이 발휘되고 있다.

프랑스 축제 문화는 'fête' 혹은 'festival'이라고 부르는데 어원적으로 볼 때 크게 두 가지에서 출발한다. 첫째, 1080년 라틴어에서 유래된 프랑스어인 'fête'는 축제, 제전, 명절, 축일로 번역될 수 있고 이는 오늘날 종교 기념일과 국가의 영

루브르 박물관

예로운 날을 기리는 날이자 법률로 지정되어 있어 국가차원 문화예술의 날이라고 기억해 두면 된다. 축제 기간이 아니라 축제날이라고 이해하면 될 것이다. 둘째, 1830년 영국에서 유래된 'festival'은 대규모의 음악, 예술, 연극, 영화제를 표방하는 일상적인 문화예술 기간으로 해석할 수 있다. 물론 축제의 배경에 종교와 역사의 이야기에서 출발되었을 수도 있으나 종교적 색채를 그대로 드러내는 종교 축제 기간이라기보다는 일상에서의 기쁨을 만끽하기 위한 정해진 축제 기간을 의미한다고 할 수 있다. 이렇듯 프랑스에서의 축제는 포괄적으로 볼 때 개인이나 공동체에 특별한 의미 또는 결속력을 다져 주는 역사적인 사건이나 시기를 기념하기 위하여 행하는 의식을 의미한다. 과거의 축제가 사회와 종교 공동체를 유지하기 위하여 우리에게 관련 정보를 제공하고 상호 응집력을 부여하는 주요 문화장치였다면 현대의 축제 의미는 의식이나 예술작품을 통하여 교리적이고 신화적인 상징들을 남겨 놓아 원래의 의미를 기억하고자 하는 데 그 중요도를 두는 것으로 보인다.

퐁피두 센터

　위와 같은 의미를 지닌 다양한 색채의 여러 축제는 몇 가지 유형으로 구분할 수 있는데, 첫째, 프랑스 국민의 문화적 배경이라 할 수 있는 가톨릭문화에서 오는 기념일과 국경일인 'fête'[2]가 있다. 둘째, 유럽 최대 농업국인 프랑스의 명성에 걸맞게 지역 특산물을 소개하는 망통의 오렌지·레몬 축제, 향수의 고장 그라스의 꽃, 지중해 농산물의 대표지방인 프로방스의 올리브유, 비누, 허브, 포도주 등 지역 특산물 축제가 있다. 이 중에서 대표적인 망통의 오렌지 축제를 살펴볼 것이다.

---

2) 개인적인 fête와 국가적인 fête로 구분된다.

특산물 올리브오일

　셋째, 봄을 맞이하는 유럽의 공통적인 축제이자 종교의미에서 시작된 카니발도 주요 축제이다. 넷째, 17세기부터 400여 년간 유럽예술의 모태이자 상징이었던 문화예술을 바탕으로 생겨난 문학, 철학, 음악, 연극, 영화, 무용, 마임 등 예술축제가 있다. 다섯째, 여러 지방의 고유색을 유지하고자 하는 노력이 돋보이는 프랑스인 만큼 지역의 특수성을 고려한 향토문화 축제가 있다. 주로 스포츠와 결합된 공동체 결속 축제인데 지역의 축제로 시작되어 전국 규모의 축제로 발전되었으며 국경을 넘어서까지 유명해진 경우가 있다. 프랑스 지중해지역의 대표적인 도시인 마르세유(Marseille)에서 행해지

는 'La Fine Lance Estaquéenne'가 대표적인 전통 향토 축제
로 차후에 살펴볼 것이다.

남프랑스 지방색

1. 개인적인 'fête'

프랑스인의 오랜 가톨릭전통 문화3)에서 유래된 개인 축제로
프랑스 달력에 표시되어 있는 각 성인들의 축제일을 기리며

---

3) 프랑스는 1905년 정교분리원칙에 따라 가톨릭은 표면적이고도 문화적인 관습으로
   남아 있으며, 이슬람, 개신교, 불교, 유대교, 그리스정교회 등 많은 다양한 종교를 인
   정해 주고 자유로운 신앙의 자유가 사회 저변에 자리 잡고 있다.

노트르담 성당

축하하는 사회관습이 있다. 프랑스 부모들은 자녀의 작명을 위해 성인들 달력을 참조하는 경우가 있어 여전히 본인의 이름과 같은 성인들의 축제일을 염두에 두는 것이다. 이날에는 성인의 이름이 새겨진 선물들을 받기도 하고 해당 성인들의 삶을 알아보기도 하는 풍습이 있다. 물론 다문화사회인 프랑스로서는 전통적인 성인들의 이름만 내세우지는 않고 집안별로 의미를 부여하는 이름을 짓기도 하며 시대별로 유행하는 이름을 선택하기도 한다.

프랑스 달력: 2010년 1월에서 3월까지 예시

* 각 성인이 표시되어 있어 찾아보기 편하다.

JANVIER 1월				FEVRIER 2월				MARS 3월			
1	V	JOUR del'AN		1	L	Ella		1	L	Aubin	
2	S	Basile		2	M	Présentation		2	M	Charles le B.	
3	D	Geneviève		3	M	Blaise		3	M	Guénolé	
4	L	Odilon		4	J	Véronique		4	J	Casimir	
5	M	Edouard		5	V	Agathe		5	V	Olive	
6	M	Epiphanie		6	S	Gaston		6	S	Colette	
7	J	Raymond		7	D	Eugénie		7	D	Félicité	
8	V	Lucien		8	L	Jacqueline		8	L	Jean de Dieu	
9	S	Alix		9	M	Appoline		9	M	Françoise	
10	D	Guillaume		10	M	Arnaud		10	M	Vivien	
11	L	Paulin		11	J	N. -D. Lourdes		11	J	Rosine	
12	M	Tatiana		12	V	Félix		12	V	Justine	
13	M	Yvette		13	S	Béatrice		13	S	Rodrigue	
14	J	Nina		14	D	Valentin		14	D	Mathilde	
15	V	Rémi		15	L	Claude		15	L	Louise	11
16	S	Marcel		16	M	Mardi - Gras		16	M	Bénédicte	
17	D	Roseline		17	M	Cendres		17	M	Patrice	
18	L	Prisca		18	J	Bernadette		18	J	Cyrille	
19	M	Marius		19	V	Gabin		19	V	Joseph	
20	M	Sébastien		20	S	Aimée		20	S	PRINTEMPS	
21	J	Agnès		21	D	P. Damien		21	D	Clémence	
22	V	Vincent		22	L	Isabelle		22	L	Léa	
23	S	Barnard		23	M	Lazare		23	M	Victorien	
24	D	Fr. de Sales		24	M	Modeste		24	M	Cath.de Suè.	
25	L	Conv.S. Paul		25	J	Roméo		25	J	Annonciation	
26	M	Paul		26	V	Nestor		26	V	Larissa	
27	M	Angèle		27	S	Honorine		27	S	Habib	
28	J	Th. d'Aquin		28	D	Romain		28	D	Rameaux	
29	V	Gildas						29	L	Gwladys	
30	S	Martine						30	M	Amédée	
31	D	Marcelle						31	M	Benjamin	

또한 프랑스 달력에는 축일을 위한 성인들의 이름뿐만 아니라 프랑스 전역의 장·단기 학교방학이 지역별(zone)로 나뉘어 아카데미 달력4)으로 표시된다.

프랑스 학구(아카데미)

ZONE A(A존):
Caen(캉), Clermont－Ferrand(클레르몽－페랑), Grenoble(그르노블), Lyon(리옹), Montpellier(몽펠리에), Nancy－Metz(낭시－메츠), Nantes(낭트), Rennes(렌느), Toulouse(툴루즈)

ZONE B(B존):
Aix－Marseille(엑상프로방스－마르세유), Amiens(아미엥), Besançon(브장송), Dijon(디종), Lille(릴), Limoges(리모주), Nice(니스), Orléans－Tours(오를레앙－투르), Poitiers(푸와티에), Reims(렝스), Rouen(루앙), Strasbourg(스트라스부르그)

ZONE C(C존):
Bordeaux(보르도), Créteil(크레테이), Paris(파리), Versailles(베르사유)

위의 학구별로 방학기간이 정해지는데 종교관습에 따른 방학이 주를 이룬다. 사순시기 들어가기 전 카니발을 위한 방학(2주간)이 2월에 있고 부활절 방학(2주간)이 4월에, 여름방학(2달)은 장기방학이며 만성절 방학(1～2주간)이 있은 뒤 성탄절 방학(2주간)이 있다. 이렇듯 프랑스인들에게는 매일의 일상 속에 잔치인 축일이 있으며 학교 방학기간을 고려한 축제를 펼쳐 휴식 혹은 재충전의 시간을 보낸다. 일상 문화가 곧 축제인 것이다.

---

4) 생활의 여유로움이자 휴식인 바캉스와 콩제(congé, 단기 휴가)를 중요하게 생각하는 프랑스인들은 두 달에 한 번꼴로 있는 학교 방학기간을 만끽하고 프랑스 전역의 교통체증을 피하고자 지역별로 방학기간을 중첩되지 않게 정하여 달력에 각기 다른 색깔로 표시한다.

2. 국가적인 fête'

　　종교 기념일[5]과 국가의 영예로운 날을 기리는 국가차원의
문화, 예술 축제는 다음과 같다.

국경일 및 종교 기념일 (2010년)

1월 1일:	새해 첫날(Jour de l'An)
4월 4일:	부활절(Pâques)
5월 1일:	노동절(fête du travail)
5월 8일:	제2차 세계대전 승전기념일(fête de la victoire)
5월 13일:	부활 제6주간 목요일(l'Ascention)
5월 23일:	부활 제7주간 일요일 성령강림대축일(Pentecôte)
7월 14일:	프랑스 대혁명(fête nationale)
8월 15일:	성모승천대축일(l'Assomption)
11월 1일:	만성절(Toussaint)
11월 11일:	제1차 세계대전 종전기념일(l'Armistice)
12월 25일:	성탄절(Noël)

　　fête별 특별한 관습을 살펴보면 1월 1일 새해 첫날에는 새
해인사(Bonne année)를 외치며 서로 껴안고 축복을 주고받는
풍습과 조부모들은 손자들에게 용돈(trennes)을 주며 우리가
살고 있는 건물의 수위 또는 집배원에게 평소 감사의 뜻으로
돈봉투를 건네기도 한다. 또한 우리나라에서 복조리를 만들
어 복을 나누어 주듯 프랑스는 직접 만든 전통 달력을 나누
어 주는데 이것 역시 의무적이지는 않고 소정의 감사 표시를
한 뒤 기쁘게 새해인사를 나누면 된다. 이렇듯 새해는 시끌
벅적하게 맞이하는데 활기찬 마음으로 한 해를 시작하려는

---

5) 종교 기념일은 교회달력에 따라 매년 달라질 수 있다.

풍습으로 보인다.

새해를 보낸 후 정초 명절로 우리나라의 정월 대보름처럼 프랑스에는 종교 축제일인 주현절(l'Epiphanie: 1월 6일)이 있는데 프랑스 어딜 가나 갈레트 데 루와(Galette des rois: 왕의 과자란 뜻)라 부르는 과자를 먹는 풍습이 있다. 이날에 대한 역사적 배경은 아기 예수를 경배하기 위해 동쪽에서 찬란한 별을 보고 베들레헴으로 찾아온 세 명의 동방박사(les trois Rois Mages)인 멜키오르(Melchior), 가스파르(Gaspard), 발타쟈르(Baltazar)를 기억하는 날이다. 동방박사가 아기 예수에게 축복의 선물인 황금, 유향, 몰약을 바쳤다고 전해 내려오는 것처럼 어린이들은 동방박사가 선물을 준다고 믿는다. 특히, 이날은 온 가족과 친지 또는 친구들, 직장에서 심지어 대통령궁인 엘리제궁에서도 행하는 전통놀이가 있다. 특별한 과자인 갈레트 데 루와에 페브(fève)라는 잠두를 숨겨 두어 과자를 나눠 줄 때 잠두를 발견하는 사람은 그날의 왕(rois)이 되고 종이로 된 왕관을 쓰며 주위 사람들은 왕 만세(Vive le rois)라며 축하를 해 주는 유쾌한 풍습이다. 프랑스인들은 모든 사람들에게 잠두를 발견하는 행운을 고루고루 나눠 주기 위해 가정에서나 직장에서 1월 한 달 내내 갈레트 데 루와를 사기도 한다.

전 세계적으로 공통적인 종교 축제일이기도 한 부활절은 예수 그리스도의 부활을 축하하는 기쁜 축일로 전통 음식과 주고받는 부활기념 선물이 있다. 그 전설을 보면 하늘에서 커다란 종(cloche)이 내려와 그 종 안에 있는 초콜릿으로 만든 달걀을 각 가정의 아이들 접시에 떨어뜨린다고 한다. 그러므로 부모들은 이날 식탁에 앉은 아이들의 접시에 부활을 상징하는 달걀, 토끼, 종, 물고기 모양의 초콜릿을 축복의 의미로 전해 준다. 아이들은 눈을 감고 부활의 기쁨보다는 울리는 종소리에 귀를 쫑긋하며 맛있는 초콜릿을 기다리는 것이다. 이날에는 특별한 전통음식으로 특히 파스카 축제의 어린양 넓적다리(gigot d'agneau)를 먹는 관습이 있다.

또 다른 4월의 재미있는 일상 축제로 4월 1일의 만우절(poisson d'avril: 4월의 물고기)이 있는데 종이로 물고기 모양을 오려서 사람들의 등에 붙이고 도망가며 즐거워하는 놀이를 한다. 프랑스에서 만우절을 4월의 물고기라고 부르는 이유는 4월 초에 어린 물고기들이 어부들에게 잘 잡혔다고 한다. 그래서 사람들은 4월 1일에 서로에게 거짓말로 장난을 치며 어리석은 어린 물고기가 많이 잡히기를 기원하는 풍어 축제를 했다는 전설이 전해 오고 있다.

노동절은 세계적인 축제인데 프랑스에서는 행복을 기원하며 청초한 꽃에 독특한 향기를 간직한 은방울 꽃(un brin de muguet)을 나눠 주는 행사가 있다.

한편 프랑스의 국경일 행사는 수도인 파리에 있는 개선문(Arc de Triomphe)[6]에서 국가의례를 행하는데 프랑스 영광의 상징을 드러내는 문화유산이기 때문이다. 특히, 11월 11일 제1차 세계대전 종전기념일에는 호국영령을 위로하고 기념

---

6) 나폴레옹시대의 상징적인 건물로 프랑스 군대의 승리를 기념하기 위해 나폴레옹의 지시로 건축되었고 12개 대로가 방사선형으로 설계되어 개선문 위에서 보면 도시계획에 의해 잘 정비된 파리 시내를 한눈에 바라볼 수 있는 곳이다.

하고자 개선문 아래 무명용사의 묘지에 불꽃을 피운다.

사실 프랑스에서 가장 큰 축제라고 하면 7월 14일 프랑스 대혁명 기념일(fête nationale)을 꼽는다. 이는 1789년 바스티유 감옥을 시민이 점령한 날을 기념하는 국가경축일이다. 근·현대 프랑스를 이룬 밑바탕엔 자유, 평등, 박애라는 프랑스 대혁명 정신이 있으며, 시민혁명의 상징인 깃발은 프랑스 국기가 되었다. 당시 혁명을 위한 군가인 라 마르세이예즈는 프랑스를 대표하는 공식 국가가 되었으며, 오늘날 사회 전반의 가치체계 기저를 이룬 주요 기념일이자 국가 축제이다.

프랑스 국가 라 마르세예즈[7)]

－1절－
가자 조국의 아들들아 영광이 날이 왔다!
압제에 맞서 피 묻은 깃발을 들었다 (두 번)
들판에서도 들리는가 저 포악한 병사들의 외침이
그들이 여기까지 닥쳐와 당신의 자식과 아내를 죽이려 한다
－후렴－
무장하라, 시민들이여 무리를 지어라 행진하자, 행진하자!
불순한 피가 우리의 밭을 적실 때까지!

－2절－
저 노예, 반역자, 공모자의 무리들은 무엇을 원하는가?
끔찍한 족쇄와 오래도록 준비한 이 칼은 누구를 위한 것인가? (두 번)
우리 프랑스인에게, 아! 이 무슨 모욕인가 끓어오르는 분노인가
바로 우리가 노예제를 과거로 되돌릴 용기를 가졌다!

－3절－
뭐라고! 외국의 무리들이 우리 땅을 지배한단 말인가!
뭐라고! 저 돈에 팔린 용병들이 우리의 자랑스러운 전사들을 처부순단 말인가! (두 번)
신이시여 ! 결박당한 우리 손 속박하의 우리 전선이 쓰러진단 말인가!
비열한 폭군이 우리 운명의 주인이 된단 말인가!

－4절－
각오하라! 압제자와 너희 배신자여 모든 이의 치욕이여
각오하라! 너희들의 반역은 결국 대가를 치르리라! 두 번)

모두가 전사가 되어 너희들을 물리치고 우리 젊은 영웅들이 쓰러지면
이 땅은 새로운 영웅들을 태어나게 하리니 모두가 너희와 싸울 준비가 되었다!

- 5절 -
프랑스인이여, 고결한 전사여 주먹을 날리고 또 참아라!
어쩔 수 없이 우리를 상대로 무장한 이 슬픈 희생자들을 용서하라(두 번)
하지만 저 잔인한 폭군들은 하지만 저 부이예의 공모자들은
가차 없이 자신의 어머니들의 가슴을 찢어 놓은 저 모든 호랑이들은!

- 6절 -
거룩한 조국애여 복수를 위한 우리의 팔을 이끌고 들어 올려라
자유여 귀중한 자유여 너의 수호자와 함께 싸워라! (두 번)
우리의 깃발 아래로 승리가 너의 강인한 노래에 발맞추고
쓰러져 가는 네 적이 너의 승리와 우리의 영광을 보기를!

- 7절 -
우리는 그 길로 들어가리라 우리의 선열들은 더 이상 없는 그때
거기서 그들의 흔적과 용기의 자취를 발견하리라 (두 번)
그들을 대신해 살아남기보다는 죽음을 함께하고자 하는
우리는 숭고한 자존심을 지키리라 그들의 복수를 이루고 그들을 따르리라

유럽과 미국의 독립전쟁 및 민주주의 확립에 큰 자극을 준
프랑스 대혁명의 군가였던 만큼 호전적인 가사를 담고 있는
국가의 노래 라 마르세예즈는 프랑스 시민정신을 잘 나타내
준다. 그러나 오늘날은 대혁명 당시와 같이 쳐부수어야 할
적과의 전쟁이 필요하다기보다는 평화와 공존을 향해 나아가
야 되는 글로벌 사회인 만큼 일부에서는 어린아이들이 라 마
르세예즈의 살벌한 가사를 부르는 것에 있어 반기를 드는 일
단의 움직임이 있다. 특히 국제 스포츠 행사에서 어린이 대
표가 부른 라 마르세예즈를 듣고 충격적이었다는 논평이 제
기되기도 한 것이다.

___

7) 출처: 주한 프랑스 대사관 번역.

한편, 우리나라의 성묘일과 비슷한 프랑스의 명절이 있는
데 만성절(Toussaint: 11월 1일)로 돌아가신 분을 기리기 위
하여 온 가족이 묘지에 가는 날이다. 프랑스는 외곽보다는
도시 내에 묘지가 있는 경우가 많기 때문에 삶과 죽음이 동
떨어진 것이 아니라 일상 속에 공존한다는 의미로 비치기도
한다.

12월 25일 노엘(Noël)은 종교 축제이자 문화, 관습의 하나
로 가족들끼리 모여 다사다난했던 한 해를 마무리하며 축하
하는 날이다. 세계의 여느 나라들과 다를 바 없이 성가정, 아
기 예수, 구유장식을 하고 이브날(réveillon)인 12월 24일에는
특별한 음식을 준비하여 가족 회합을 한다. 주로 거위 간(foie
gras), 훈제연어(saumon fumé), 철갑상어알(cavier), 밤 넣은 칠
면조, 굴, 좋은 포도주와 샴페인을 곁들이고 후식으로 장작모
양의 둥근 케이크로 마치는 풍성한 저녁식사를 한다. 남프랑
스인 프로방스에서는 이날 후식으로 마른 과일로 만든 13개
디저트(les 13 desserts)를 선호한다고 한다. 지역의 문화 전통
성을 보존하고 있는 사례인 것이다.

3. 자연의 빛깔 지역특산물 축제:
망통의 오렌지 · 레몬 축제(la fête du citron)

프랑스 지중해 해안을 따라 펼쳐져 있는 아름다운 항구 도

시 툴롱(Toulon)에서 이탈리아 국경 쪽으로 더 가다 보면 망통(Menton)이라는 도시가 있다. 이곳에서 열리는 오렌지와 레몬 축제는 스페인의 토마토 축제와 흡사한 지역특산물 축제라고 할 수 있다. 매년 2월 프랑스 남부의 주민 3만 명이 거주하는 한 작은 어촌 마을인 망통에서는 축제의 방식을 통해 망통의 오렌지와 레몬의 우수성을 소개하고 즐거운 놀이를 펼쳐 수확량에 따른 재고를 소진하기도 하며 서로 흥겹게 어울림으로써 하나가 되는 묘미를 추구하는 축제를 개최한다. 망통의 레몬은 세계에서 가장 우수한 품질을 자랑하는 농업특산물로 평가받고 있고 프랑스 전역뿐만 아니라 전 세계에 알리기 위해 1934년부터 이러한 축제가 시작되었다고 하니 그 역사가 가히 놀랄 만하다. 특기할 점은 일상의 미학을 추구하는 프랑스인의 삶의 자세에 따라 도시의 중심인 비오브 정원에 오렌지와 레몬을 활용한 크고 촘촘하며 정교한 여러 조형예술품을 제작하여 관광객들에게 보는 즐거움을 선사한다는 점이다. 사용되는 레몬과 오렌지가 무려 130톤이라고 하니 놀라울 만하다. 그 예술성은 현실을 벗어나 동화 세계로 빠져들게 하고 오렌지와 레몬의 색상이 대비된 커다란 조형물들은 초록의 자연과 어우러져 더욱 그 빛을 우리에게 선사한다.

4. 찬란한 빛의 니스 카니발

시기적으로는 봄을 맞이하는 축제이자 종교의미를 덧붙인 카니발은 예수님 부활 전 40일[8]인 사순시기[9](재의 수요일부터 주님만찬 성목요일의 주님만찬 미사 전까지)를 참회, 보속, 희생정신으로 보내기 위하여 그 이전인 풍요로운 날 마르디 그라(재의 수요일 바로 전날 화요일, mardi gras: 기름진 화요일)를 축하하는 축제이다. 세계 곳곳에서 흥겨운 카니발이 펼쳐지는데 프랑스는 북부 덩케르크의 바다사나이들의 노

노엘 장식

---

8) 성경에 따르면 사순 시기는 중요한 일을 앞두고 준비하는 기간을 40일로 보았다는 것에 유래된다. 예를 들면 모세가 십계명을 받기 전 40일 동안 재를 지켰고, 엘리야 예언자도 호렙 산에 갈 때 40일을 걸었으며, 예수님께서도 광야에서 40일 동안 단식하며 기도하신 뒤 공생활을 시작하셨다.

9) 사순시기 동안은 금요일에 육식을 금하는 금육제, 재의 수요일과 주님수난 성금요일은 금식제(만 18~60세)와 금육제(만 14세~죽기 전)를 하는 것이 종교관례이다.

란색의 어부 복장 전통이 유명하고 남부는 니스의 카니발이 화려하다. 니스 카니발은 1878년에 시작된 축제로 꽃 장식의 대형 마차와 두꺼운 형형색색의 마분지로 꾸민 기괴한 커다란 인형들이 어우러진 각종 퍼레이드와 공연, 찬란한 빛을 발산하는 불꽃놀이로 축제의 정수를 장식한다.

5. 열정의 빛깔 예술 축제

프랑스는 1901년 프랑스문화진흥법의 제정으로 그동안 지방 전역에서 발생되었던 축제를 장려하게 되었으며 오늘날 프랑스 지역을 대표하는 축제가 500여 개 된다고 알려져 있다.

그중 몇몇을 소개해 보면 매년 6월에 프랑스 전역에서 개최되는 음악 축제(fête de la musique)가 있는데 6월 셋째 주 금요일에 열린다. 음악을 막 시작한 열정의 아마추어부터 세련된 전문 뮤지션까지 자발적으로 거리로 나온다. 이 축제는 모든 장르의 음악을 길거리에서 무료로 듣고 흥겹게 어울릴 수 있는 축제의 마당으로 유명하다. 또한 영화가 탄생한 나라답게 영화 축제(fête du cinéma)가 있는데 6월 말 첫날 영화 정가표를 사면 3일 동안 1유로 안팎의 저렴한 관람료로 보고 싶은 영화를 마음껏 즐길 수 있는 유용한 축제도 있다. 이는 전 미테랑 대통령의 문화 업적으로 수도인 파리를 문화, 예술 도시로 확고히 다지기 위하여 그 명성에 걸맞는 축제로 기획한 역작으로 평가받고 있다. 6월을 축제로 정한 이유는 프랑스의 학제는 6월에 끝나므로 한 해의 스트레스를 음악과 영화로 시원하게 날려 보내려는 의미가 있다고 보인다.

한편 남부 프랑스인 프로방스 지역에서는 매년 8월 한여름에 마르세유 북서쪽 오랑쥬에서 개최되는 오랑쥬 축제(festival d'Orange)가 있다. 합창제와 오페라를 함께 공연한다. 장소는 고대 로마 흔적이 남아 있는 도시의 특성을 살려 고대 로마 원형경기장에서 진행되며 무대벽은 로마시대 그대로 보존된 역사적 가치를 표방하고, 나머지 건축은 역사적 고증을 거친 복원 건축물이다. 수용인원은 자그마치 9,000여 명으로 대형 야외 음악공연장으로 탈바꿈되어 그 역할을 다하고 있다. 축제의 유래를 살펴보면 1869년 로마 페스티벌로 시작하여 1902년 합창제로 그 명칭을 변경하였다고 한다. 계속되어 오던 1969년까지는 연극, 오페라, 콘서트 등 복합무대 예술의 장으로 활약하였고 이후 오랑쥬에서는 오페라만 진행하고 인근 아비뇽에서는 연극으로 나뉘어 진행하게 되었다.

오늘날까지 전 세계에서 예술가들이 모여들고 있으며 그 명성을 꾸준히 지켜 나가고 있는 예술 축제이다. 아비뇽은 과거 68년 동안(1309~1377년) 일곱 분의 교황이 권좌를 계승했던 도시로 오늘날 교황청의 역할을 하던 중세 종교도시이다. 이렇듯 중세 고전적인 장소에서 현대예술을 보여 주는 아비뇽의 연극제(festival d'Avignon)는 중세성곽도시라는 고풍스러운 배경과 어우러져 그 품위를 더하고 매년 7월 개최되는 세계적인 연극제로 알려져 있다.

연극, 무용, 마임, 음악 분야에 공식 선정부분과 비공식 선정부분으로 나뉘어 다채로운 공연을 펼치고 있다. 우리나라도 매년 예술가들이 이 두 곳을 찾고 있는데 2004년 한국의 국립 오페라단과 일본의 오페라진흥회, 프랑스의 오랑쥬 페스티벌 위원회가 합작한 30억 원 대작 카르멘이 한국인 마에스트로 정명훈의 지휘로 웅장한 공연을 펼치기도 했다.

인근 엑상프로방스에서 열리는 서정, 음악 축제인 엑상프로방스 축제(festival d'Aix – en – Provence) 역시도 프랑스 남부의 정열적인 태양 아래에서 푸른 녹음과 함께 예술을 향유하고 읽어 내는 낭만적인 축제이다.

프랑스 지중해지역의 끝자락인 코트다쥐르(Côte d'Azur)는 낭만적인 프랑스 리비에라로서 특히 매년 세계 각국의 영화인들을 맞이하는 칸 영화제(festival de Cannes)로 유명한 도시 칸이 있다.

1946년 9월 20일에서 10월 5일까지 기간으로 처음 개최된 칸 영화제는 오늘날은 5월에 그 아름다운 서막을 연다. 부산국제영화제로 유명한 우리나라도 비경쟁부문 및 경쟁부문에

서 여러 편의 영화와 감독이 초대되어 작품 및 배우가 수상
되는 쾌거를 누려 친숙한 영화제이기도 하다.

6. 지중해의 파란 빛깔 향토문화 축제:
   마르세유의 La Fine Lance Estaquéenne

프랑스는 국어인 프랑스어를 수호하고 현양하는 언어정책
을 국가시책으로 삼는 국가이다. 그러나 각 지역에서 발생하
고 보급되어 문화유산의 하나로 보호받고 있는 지역어가 존
재하는 곳이기도 하다. 그만큼 지역의 고유한 특성인 지방색
은 프랑스의 다양성을 이루는 주요 요소가 되는 나라인 것이
다. 이렇듯 공동체의 고유한 정신과 가치체계를 형성하는 언
어는 지역의 특수성을 고려하여 만들어진 일상의 축제를 통
해 문화의 근간을 이루고 있다. 프랑스 지중해지역인 남프랑
스는 고유한 언어인 옥시탄어(l'occitan)[10]를 보호하고자 여러
해 동안 투쟁해 왔으며 지역 후손들에게 안전하게 물려주기
위해 대외적인 문화 · 예술정책을 펼치고 있다.

---

10) 이곳 프로방스 출신의 시인 프레데릭 미스트랄은 지역어로 작품을 쓰고 지역어를
    보호하는 펠리브리지운동을 펼쳤으며 1904년 그 공로로 노벨문학상을 받았다.

마르세유 항구

이렇듯 남프랑스의 지역성에 맥락을 둔 여러 축제가 개최된다. 마르티그의 축제는 어부들의 축제 혹은 어부들의 수호성인 성 베드로 축제로 불리기도 한다. 축제의 기원은 16세기부터 라고 알려져 있는데 종키에레(Jonquieres), 릴 뒤 퐁 생 제니 (L'il du Pont Saint - Genies), 페리에레(Ferrieres) 세 마을에서 탄생되었다고 전해진다. 아름다운 풍경으로 인하여 프로방스 의 베네치아로 소개되기도 하는 마르티그에서는 6월 말부터 8월 말까지 민속놀이, 향토행사, 문화예술행사를 곁들인 다 채로운 이야기가 펼쳐진다. 한여름 바캉스기간을 겨냥하여 남프랑스를 찾는 사람들에게 휴식과 아울러 예술을 선사하는 축제이다.

마르세유 어시장

이렇듯 남프랑스에서의 전통 민속 축제는 프랑스의 다른 지역에 결코 뒤지지 않는 지역성을 품고 있다. 끝없이 펼쳐진 파란 지중해라는 바다를 배경으로 이루어지는 축제 양상은 남프랑스의 자연을 닮은 흙, 돌, 파스텔톤 건축물과 함께 푸른 조화를 이루고 있다. 남프랑스 중에서도 마르티그의 바다 축제, 마르세유의 수상 창시합, 아비뇽의 세계 연극 축제, 칸의 영화제, 니스의 카니발, 망통의 레몬 축제 등은 대표적으로 널리 알려진 축제이다.

이러한 축제의 모습 속에 내재해 있는 일상의 빛은 우리에게 과거 선조들을 기억하고 그들의 삶을 배우며 현대를 살아가는 분주함에 여유로운 느림의 미학을 선물해 주는 고마운 휴식이라고 생각된다. 바로 축제를 준비하고 적극적으로 손님을 맞이하는 지역민들의 노력으로 관광객과 하나 되어 기쁘고 즐거운 모멘트를 만들어 나가는 방식은 바쁜 일상 속에 마음의 여유를 찾기 힘든 현실에 한 줄기 빛이자 단비가 되기도 할 것이다. 시끌벅적한 축제 속에서 매너리즘에 빠질 수 있는 무미건조한 생활의 탈출구를 발견하게 되고 같은 공간에 더불어 참여함으로써 일상의 활력과 평온하며 안정된 마음으로 되돌아갈 수 있는 장점이 축제의 묘미라 생각된다.

또한 축제에는 고장의 특성을 반영한 음식문화가 빠질 수 없는 주요 오브제이다. 특히 마르세유는 전통적인 어부들의 항구도시로 신선한 해산물(fruit de mer)을 맛볼 수 있는 매력이 크다.

구수한 국물로 고단한 어부들의 하루를 마감하던 우리나라로 치면 얼큰한 해물탕인 부이야베스는 전통적인 음식이다. 마르세유가 탄생된 구시가지를 가 보면 이른 아침부터 시작되는 시장은 뱃사람들이 밤새 거둬들인 생선을 구경하며 흥정하는 모습을 기웃거리게 되기도 하고 그들의 생생하고 소박한 남프랑스만의 정겨운 정취를 느낄 수 있을 것이다.

남프랑스의 대표적인 도시인 마르세유는 지중해 항구라는 도시이미지와 프랑스지중해의 중심이자 지중해문화라는 모자이크를 배경으로 여행자와 공유하는 축제의 성격을 띤 마르세유 축제(festival de Marseille)를 만들어 냈다. 1996년 이후로 40여 개국에서 3,057명의 예술가들이 참여하고 공연했다고 한다. 역사적으로 마르세유는 인근 마르티그(Martigues)가 프로방스의 베니스라고 불리듯이 고대 그리스의 한 도시 국가인 포세아에의 도시[11]라는 별칭을 가지고 있다.

마르세유 도시기원

구시가지 한복판에 도시 기원을 알리는 안내판이 돌로 새겨져 있기도 하다.

이렇듯 지중해문화를 담고 있는 두 곳의 축제는 지중해를 아우르는 다채로운 축제 문화를 펼쳐 나가고 있다. 앞서 언급한 마르티그 축제(festival de Martigues)도 마르세유 축제처럼 세계적인 축제인데 1989년에 시작된 이후 전 세계 5개 대륙에서 500여 명의 예술가들이 매년 참가하여 축제의 꽃을 피우고 있다.

끝으로 위의 향토 문화 축제와 연장선에서 우리가 주목해야 할 축제가 있는데, 마르세유의 에스타크 수상 창시합(La Fine Lance Estaquéenne)이다. 배 위에서 장대모양의 창을 가지고 상대를 밀고 당겨 물속에 빠지게 하는 놀이로 세상에서

---

11) 포세아에 출신의 선원들이 탄 배가 마르세유에 정착하여 도시를 형성했다고 전해진다.

가장 오래된 투기종목 중의 하나로 알려져 있다. 이 시합의 묘미는 시합 당사자뿐만 아니라 수많은 구경 인파의 여유로운 관람도 한몫을 한다. 관람객들은 바다 정면에 보이는 바(bar)에서 아니스 향료를 넣은 술을 마시며 세 쿼터로 진행되는 시합을 구경하고 열띤 응원을 보낸다. 시기는 5월에서 9월까지 매주 일요일에 개최된다고 한다. 수요일과 토요일은 훈련을 하는 시간대가 있다. 지역 특성을 고려한 파란색 줄무늬 티셔츠를 입고 바다사람 분위기를 내는 조정경기도 있다. 15개의 공식 챔피언 타이틀도 있는데 프랑스 챔피언과 프로방스 챔피언 타이틀로 구분해 놓고 있다. 시합에 임하는 선수들의 복장은 프로방스 전통 벨트와 보호대, 특별한 장비를 갖추어 전통 문화 축제의 면모를 과시한다. 에스타크는 오래된 항구인 마르세유의 전통을 보여 주는 그림 같은 아름다운 풍경의 작은 항구이자 해안가이다. 프로방스의 화가 폴 세잔의 회화 속 주제로도 유명하며 여러 문학, 영화의 배경이 되기도 한 곳이다. 이 축제의 유래를 살펴보면 이곳 에스타크에서 1,500년 전 지중해를 통한 여러 문명 간 접촉이 있었고 그 산물로 수상 창시합이 도입되어 고유한 형태로 발전되었다는 설이 있다. 구체적인 시합의 형태를 갖추게 된 시기는 18세기 말 어업을 위한 항구가 정비되면서 마르세유 도시 역사의 전통 이미지로 자리매김하게 되었다고 한다. 이후 1921년 도시 어부들은 매년 에스타크에서 수상 창시합을 위한 토너먼트 방식의 경기를 조직하게 되었다. 이후 1970년대에 들어서는 불굴의 용기와 안정된 힘의 균형감을 바탕으

로 한 스포츠의 상징으로 알려져 오늘날 향토 문화 축제로
발전되었다. 결국 에스타크 수상 창시합은 프랑스에서 가장
중요한 이 분야 협회로 평가받고 있기도 하다. 이 축제의 사
회공헌 및 가치를 살펴보면 마르세유에서는 프랑스 전국대회
로 확대된 부문을 통해 향토문화를 홍보하는 창구를 만듦과
동시에 프로방스 챔피언을 별도로 두어 고유한 전통을 이어
가는 축제로 삼아 역대 챔피언들을 기리고 그 얼을 닮고자
후배 양성에 노력하고 있다.

이렇듯 축제란 단순한 일회성의 공연이 아니라 과거로부터
이어져 내려온 문화유산의 일부이며 앞으로도 발전시키고 이
어 나가야 하는 막중한 사회·문화적인 책임을 동반하는 과
제이기도 하다. 그 역할을 수행하는 마르세유의 에스타크 수
상 창시합은 대표적인 선두주자로 알려져 있다.

프랑스 지중해

우리는 프랑스의 여러 축제 모습을 통해 짧지만 긴 여행을
했다. 하나의 축제가 의미를 가지고 형성되기까지 많은 시간
이 흘렀다. 우리는 그러한 일상 속의 축제를 통해 그 이면에
담겨 있는 여러 이미지들과 사회를 느끼게 된다.

프랑스의 수도 파리는 빛의 도시라는 명성답게 조명의 미
학을 중요하게 생각한다. 비단 파리뿐만 아니라 프랑스 여러
도시들 역시도 비슷한데 그곳에서 행해지는 축제들은 밤에
내뿜는 인공적인 빛 뿐만 아니라 낮에 자연과 조화를 이룬 다
채로운 빛을 담고 있다. 이로써 우리는 색채의 연금술사, 프
랑스의 축제들을 읽어 볼 수 있는 것이다.

참고문헌

김규원, 『축제, 세상의 빛을 담다』, 시공아트, 2006.

Le Robert, *Petit Robert: dictionnaire universel des noms propres 2*, 1988.

__________, *Nouveau Petit Le Robert: dictionnaire de la langue française 1*, 1993

프랑스관광청 현지 자료.

주한 프랑스대사관 자료.

그리스의 일상과 축제

최자영[*]

1. 그리스의 지정학적 위치와 생활 문화

1) 그리스의 지정학적 위치

'그리스'의 명칭은 영어식 표기이다. 그리스인 자신은 '엘라다(헬라스)'라고 하며, 이것은 헬레네스의 자손들이 사는 나라라는 뜻이다. 이곳은 유럽과 아시아가 만나는 곳이며, 에게 해를 가운데 두고 동쪽으로는 소아시아의 터키와 마주 보고 있다. 서쪽으로는 아드리아 해를 건너 이탈리아와 마주하며, 북동쪽으로는 다다넬스 해협과 보스포러스 해협을 지나 흑해와 연결되어 있다. 그리스 에게 해 남단에는 커다란 크레타 섬이 있고 그보다 더 남쪽에는 아프리카의 이집트가 자리하고 있는 것이다.

---

[*] HK교수

기후는 온화하여 겨울에도 평균기온이 영상 5~6도 정도이며 연평균 기온이 약 15도 정도이다. 여름에는 남쪽 지중해 건너 아프리카에서 뜨거운 바람이 사막의 모래와 함께 날아온다. 소나기라도 내릴 양이면 깨끗이 씻은 자동차도 금방 황토의 얼룩이 생기므로 피해가 이만저만이 아니다. 꼭 우리나라 봄철에 중국에서 많이 날아오는 황사와 같은 현상이다.

여름에는 소나기를 제외하고는 비가 거의 내리지 않으므로 예로부터 공공행사나 축제는 야외에서 많이 이루어졌다. 노천극장이 많은 것도 그런 탓이다. 그리스의 가옥들은 흔히 자그마한 방에 아담한 구조를 갖추고 있어서 개인적인 은밀한 공간으로 이용됨을 바로 알 수 있다.

비는 가을, 겨울철에 주로 내린다. 가을철 시월에 들어서면 잿빛 하늘을 볼 수 있다. 아테네가 있는 남쪽보다 산악지

그리스 중부지역의 집과 무궁화: 산간 마을의 지붕은 전통적으로 넓적한 돌을 쌓아서 만든다.

역이 있는 북쪽으로 올라갈수록 비는 더 잦다. 그리스의 봄가을 날씨는 우리나라와 비슷하다. 우리의 혹독한 겨울철만 빼고 또 그리스의 비 내리는 겨울철만 빼면 서로 닮은 점이 있다. 그래서 식물의 분포도 유사한 점이 있는데, 특히 그리스의 거리나 집 안

그리스 땅에 화사하게 핀 무궁화

에 무궁화 꽃이 더러 있는 점도 인상적이다.

　유럽, 아시아, 아프리카가 이마를 맞대고 있는 곳의 그리스는 역사적으로 갖가지 문화가 교차 융합되는 지점이었다. 인종이나 문화 면에서 그러하다. 그리스인의 생물학적 특징은 동양인 혹은 서양인 등으로 구분하기 힘들 정도로 여러 유형이 있다. 백인에서 거무튀튀한 피부까지 피부 색조의 분포도가 매우 넓고, 키도 마찬가지로 아주 체구가 작은 사람들부터 기골이 장대한 사람에 이르기까지 다양하다. 눈 색깔도 가지가지. 그래서 그리스인이 어떤 인종인가를 생물학적으로 규정하기란 불가능하다. 그리스인 자신도 그런 것은 포기한 지 오래이며, 다만 같은 언어와 습속을 가지고 있으면 모두 그리스인인 것으로 간주한다. 그만큼 그리스의 문화는

다양하고 수용적이어서, 어떤 생김새의 사람들도 거기서 차별을 받는 일은 흔하지 않다. 무지 새까만 흑인의 경우는 좀 예외에 속하기도 한다.

고대 그리스는 자그마한 폴리스(도시국가)의 집단으로 알려져 있다. 그러나 이미 기원전 4세기 후반 알렉산드로스가 동방원정을 하여 페르시아를 멸망시키고 이른바 '알렉산드로스 제국'을 건설할 때쯤이면, 그리스는 그리스 외부의 문화 및 정치에 동화되게 된다. 이어서 기원전 2세기 이후 로마제국의 지배를 받게 되었고 또 기원후 4세기 전반 콘스탄티노플을 중심으로 중세 비잔티움 제국이 시작되면서 그리스는 소아시아, 이집트 등 동지중해 주변 지역은 물론 멀리 유프라테스 강변에 이르는 넓은 지역을 누비게 되었다. 20세기 전반까지만 해도 터키 소아시아 연안의 번화한 도시 스미르나(이즈미르) 그리고 터키의 내륙지방인 카파도키아에까지 그리스인이 붐볐다. 이들은 1920년대 초 터키 케말파샤(아타튀르크)에 의해 강력히 추진된 주민교환(메타나스타시) 정책에 의해 대다수 그 땅에서 쫓겨났다. 그러나 지금도 소아시아 연안의 섬들은 거의가 그리스 영토로 남아 있어 과거 소아시아에서의 그리스인의 흔적을 보여 주고 있다. 이와 같은 역사적 배경은 그리스 문화에도 영향을 미쳐서 그리스에는 음식, 음악, 갖가지 습속 등에서 터키인과 유사한 요소들이 적지 않다.

주민교환이란 터키 영토 내 그리스 정교도와 그리스 영토 내 무슬림을 서로 교환하는 정책을 뜻한다. 말하자면, 교환이라기보다는 주민 강제 추방이라고 할 수 있다. 그리고 그 기준은 생물학적인 특징이 아니라 종교였다. 비잔티움 제국(324~1453)과 터키제국(1453~20세기 초)의 장구한 세월을 한 나라로 지내 왔던 그리스와 터키는 서로 피가 섞여 인종적으로 양자를 구분하는 것이 쉽지 않다고 하겠다. 그때 터키 정부는 그리스 정교에서 무슬림으로 개종을 하는 사람은 추방하지 않고 그대로 살도록 허용했으므로, 고향을 떠나기 싫은 소아시아의 그리스 정교도는 무슬림으로 개종함으로써 그대로 남아 있는 경우도 있었다.

한편 그리스에서는 무슬림에 대해 상대적으로 관대하여 그 중 다수가 그리스 영토 내에 그대로 머무르도록 허용했다. 이런 관대한 조치에 대한 대가로 후에 터키에서도 콘스탄티노플(이스탄불)에 있는 그리스 정교도 일부를 그대로 거주하도록 허용하게 되었다. 그러나 그 후 터키인보다 더 상술에 밝은 그리스 상인들의 번영을 시샘하여, 콘스탄티노플에서 터키인이 그리스인을 학살한 적이 있었다. 오늘날 그리스의 북동부, 즉 터키 땅에 연이어 서쪽으로 나 있는 에게 해 북쪽 연안의 트라키아 등지에는 무슬림들이 많이 거주하고 있다.

2) 헬레니즘과 기독교문화의 본산

그리스는 이교(異教)문화와 기독교문화의 본산지라고 할 수 있다. 이교문화란 기독교가 전파되기 전의 그리스 헬레니즘 문화를 기독교 측에서 일컫는 말이다. 이교문화는 그리스 신화를 통해 우리에게 알려져 있듯이, 본능적이고 자유 방만한 사고와 습속을 가진 것이다. 끝없는 성욕의 제우스, 요염한 아프로디테(비너스)와 에로스(육욕과 사랑의 신), 술의 신 디오니소스를 만들어 낸 것이 바로 그리스 땅이다.

다른 한편에는 그리스 정교회의 중심이 옛 비잔티움의 수도 콘스탄티노플(이스탄불)에 있다. 덧없는 인간 삶에 대한 기독교적인 사랑과 연민은 헬레니즘의 원초적 본능과는 대조적인 인간성을 표출하고 있다. 콘스탄티노플은 324년경 로마제국 콘스탄티누스 대제가 로마에서 천도하여 세운 도읍으로 기독교적인 성격의 제국으로 출발했다. 이곳은 지금은 터키의 땅이 되었으나, 터키 정부의 양해하에 유서 깊은 성당 '아기아(聖) 소피아'는 지금 그리스 정교회의 총주교가 관할하고 있다.

서양문화의 근간을 이루고 있는 이교의 헬레니즘 문화와 기독교, 이 두 가지 문화의 중심지가 그리스에서 비롯된다는 것은 오늘날도 그리스인의 자랑거리이며 그 문화적 자부심을 드높이는 데 기여한다. 예부터 철학에 관심을 기울여 왔던 그들은 다소간 삶의 지혜를 터득하고 있다. 그 지혜란 바로 세속적인 부의 축적이나 거시적인 정치권력 및 사회적 위세가 아니라, 오로지 신과 인간들의 희로애락, 박멸할 수 없는 자연성의 미시적 감정을 존중하는 데 있다고 하겠다.

3) 낮잠(시에스타) 문화

여행객들에게 흔히 알려져 있듯이 그리스는 낮잠의 나라이다. 오후 2시 반 혹은 점심을 조금 늦게 먹는 경우에는 3시경부터 5~6시경까지 그리스인들은 낮잠을 잔다. 창문으로 들어오는 햇빛도 거의 차단하도록 창문 바깥에 나무 혹은 알루미늄판 등으로 덧문을 설치하고 거기에 공기가 통하도록 공기구멍만 내놓는다. 그리스인의 사교가 흔히 밤에 이루어질 수 있는 것도 그 저변에는 '낮잠'의 문화가 있기 때문이라고 하겠다. 사람뿐 아니라 개도 낮잠을 즐긴다.

요즈음은 관공서나 상점 등이 낮에도 업무를 계속하는 경우가 많아 '낮잠' 문화가 많이 없어져 가고 있으나, 아직도 다수는 전통적인 생활방식에 젖어 있으며, 상점도 3시경이 되면 문을 닫았다가 저녁에 다시 여는 경우가 많다. 현대식 까르푸 같은 대형 마트는 하루 종일 개점한다.

나무로 된 덧창문

한낮에 자동차 그늘에서 낮잠을 자는 개
(그리스 서북쪽 이와니나 대학 내)

4) 수블라키와 부주키 문화

　이른바 햄버거나 기타 등 미국적인 문화가 아직도 깊이 침투하지 못한 곳이 남부 유럽, 특히 그리스이다. 이곳은 전통의 고기구이(바비큐)인 ‘수블라키’가 있고, 전통의 악기 ‘부주키’, 리라 등이 있다. 부주키는 우리나라의 비파같이 생긴 것이고 가야금같이 튕기는 소리가 난다. 그리스의 노래도 아주 독특한 가락을 띠고 있다. 우리 전통 민속 가요같이 완만하며 구성진 곡조를 가진 것도 있다. 한편 지금까지 우리나라에 잘 알려진 그리스 노래로는 과거에 들어온 유명한 영화 ‘일요일은 참으세요’의 주제곡으로 멜리나 메르쿠리가 부른 ‘피레우스의 아이들’이 있고, 요즈음은 나나 무스쿠리의 노래를 조수미가 우리말로 바꾸어 부른 ‘기차는 7시에 떠나네’ 등이 있다.

쟁반에 차려진 수블라키

들고 다니며 먹을 수 있는 수블라키

아테네 아크로폴리스 기슭 티시온에서
리라를 켜는 길거리 악사

부주키를 켜는 모습

아테네 모나스티라키 전철역 입구 포스터
앞에서 여러 가지 악기로 연주하는 길거리의
악사들

멜리나 메르쿠리: 아테네 도심 신타그마
전철역 벽에 붙어 있는 사진. 가수, 배우,
그리스 문화부 장관을 지냈으며, '피레우스
의 아이들' 노래 등으로 유명하다.

5) 비극의 상연

그리스는 예로부터 비극의 나라이다. 비극을 상연하기를
좋아한다는 말이다. 그리스인은 밤이 주는 그윽함을 향유하
는 사람들이다. 낮에도 실내는 물론 많은 경우 노천의 극장
에서 비극을 상연하는데, 노천의 경우에 여름철 뙤약볕 아래
서 하기 어려우므로 밤에 하는 경우도 적지 않다. 초저녁에

도 하지만, 이른바 '이벤트'로 밤 10~11시에 시작하여 새벽 1~2시에 끝나는 경우도 있다. 사람들은 비극을 보기 위해 밤중에 산기슭에 있는 전통의 노천극장을 찾으며 인산인해를 이루기도 한다.

비극의 주제는 어머니와 결혼하여 아들 둘, 딸 둘을 낳은 오이디푸스, 남편을 죽이는 클리타임네스트라, 남편을 죽인 클리타임네스트라에 복수하여 그녀를 죽이는 그 아들 오레스테스, 오레스테스가 어머니 클리타임네스트라를 죽이는 데 일조하는 그 딸 엘렉트라, 의붓자식 히폴리토스를 사랑하여 끝내 자신과 히폴리토스를 함께 죽음으로 몰아가는 페드라, 남편 이야손의 배신에 절망하여 그들 사이에서 난 두 자식을 죽이는 메디아 등이다. 참으로 원색적인 인간의 감정을 그리스인들은 지금도 이 비극의 상연을 통해 현실에서 구체화한다.

6) 타베르나(음식과 술을 겸한 식당) 문화

커피에 우유로 올리브 나뭇잎을
재현한 카푸치노

타베르나에도 여러 종류가 있으나, 춤과 생음악, 음식을 곁들인 '무드'가 있는 곳도 있다. 음식을 먹으면서 전통의 그리스 민속춤을 보고 즐기며 자신이 직접 추기도 한다.

또 남녀노소를 불문하고 그리스의 식당과 카페, 타베르나 등은 초저녁보다는 밤 10~11시경

타베르나에서 부주키에 맞추어 민속춤을
추고 있는 모습

에 사람들이 붐비기 시작하여 자정을 전후해서 더 빽빽해진다. 주말뿐 아니라 평일도 그러하다. 밤늦게 친구들과 앉아 있어도 그 체력이 대단하여 아침 출근은 제때에 한다고 한다.

그리스인들은 아무리 오래 앉아 있어도 과음하지 않으며 약간의 포도주나 음료를 즐기면서 끝없이 대화를 한다. 우리같이 2차, 3차 등으로 자리를 옮겨 술을 계속 마시는 만용(?) 같은 것은 흔치 않다.

공식 만찬 모임도 우리같이 저녁 6~7시경이 아니라 밤 10시경에 시작하여 자정을 넘기면서 하는 경우가 적지 않다. 이때 남성들은 정장을 하고 여성들은 겨울철에도 다소간 목이 파이거나 얇고 매혹적인 밤의 드레스를 입고 나타난다. 그리고 식사를 한 다음에는 어김없이 민속춤이나 사교춤을 추면서 여흥을 즐긴다.

7) 축제의 사회적 의미: 좋은 일과 나쁜 일

그리스인의 축제는 아름답고 온화한 자연환경과 그에 친화

하는 그리스인들의 습속과 깊은 관련이 있다. 뿐만 아니라 그것은 중세 이후 그리스인이 깊이 관여해 온 기독교와도 밀접한 관련을 갖고 있다. 방만한 자연성과 절대적인 기독교의 신, 참으로 대조적인 이 두 가지 문화는 인간성 자체가 갖는 두 가지 영역을 구체화한 것이라고 할 수 있으며, 개인적 이해와 사회의 요구가 서로 공존해야 함을 보여 주는 것이다. 그래서 그리스 문화는 부자연스럽지 않고 억지가 없다. 나아가, 인간사의 부정적인 면들은 타인에게서 나에게 가해지는 것뿐 아니라 우리 자신 속에 존재하는 자연성에 기인한다는 점에 대해서도 반성의 여지를 남긴다.

크고 작은 갖가지 축제는 인간사의 긍정적인 면만을 보여 주는 것이 아니다. 축제의 이면에는 흔히 고통과 해악에 대한 기억이 함께하는 사실이 바로 그러하다. 그 한 예로, 연말연시의 축제 기간에 악마 칼리칸자로스가 땅속에서 나와서 돌아다니므로 항상 조심해야 한다. 3월 25일 그리스의 독립기념일은 터키에 대한 항쟁과 수많은 죽음을 기억하게 하며, 10월 28일 '아니오의 날(No Day)'도 제2차 세계대전 당시 이탈리아 및 독일 군대의 그리스 침공과 그에 대한 저항을 일깨운다. 가장 큰 종교행사인 부활절은 예수의 처절한 죽음을 기리는 것이며, 아기 예수의 탄생과 성모 마리아를 기리는 크리스마스는 비천하고 보잘것없는 모자(母子)의 존재에 대한 사회적 관심을 뜻하는 것이다.

그리스는 유럽의 어떤 나라들보다 축제가 많다. 온화한 기후, 풍요로운 음식, 바다와 섬을 비롯한 자연의 아름다움이 그들을 낙천적이고 방만하게 만들기 때문이다. 특히 그리스인은 친족이나 이웃뿐 아니라 예로부터 이방인들에게도 개방적·수용적이다. 이런 민족성 때문에 그 축제도 형식이 아니라 참으로 재미있고 흥겨우며 진솔한 마음들이 통하는 교류의 장을 마련하는 데 기여한다. 이웃의 아픔과 가난을 못 본체 묵살하지 않고 사회적 문제로 삼아 해결책을 찾아온 그들의 지혜도 이런 문화를 이루는 데 한몫을 한 것이 사실이다.

2. 일상의 축제

1) 세례

세례는 정교회에서 이루어지며 성대한 잔치 음식이 마련된다. 참석한 사람들은 결혼식 때와 같이 아몬드를 흰 당분으로 두른 사탕 몇 알을 레스 달린 흰 손수건에 싸서 묶은 '쿠페타'를 선물로 받는다.

보통 결혼식에서 입회인(증인)이 된 사람은 그 결혼에서 난 첫아이의 대부가 된다. 대자(아이)는 좋든 나쁘든 대부의 특성을 이어받는다고 믿는다. 세례는 정교회에서 이루어지는데, 아이에게 세례를 할 때 사제는 아이를 세 번 물속에 완전히 넣었다가 꺼낸다. 그런 가운데 사제가 '성부와 성자와 성신의 이름으로 하느님의 종이 세례를 받습니다.'라고 말하고, 아이는 몸부림을 치며 운다. 그러고는 아이에게 이름이 주어지며 성유를 발라 준다.

아이의 이름이 주어질 때 친부모는 곁에 있지 않는다. 사제가 세례가 끝난 아이를 대부에게 넘겨주면, 대부는 흰 천에 아이를 받아 감싼다. 아이에게 옷을 입힌 다음, 대부는 금 십자가와 선물을 아이에게 주고, 사제는 그 아이의 머리카락 세 개를 잘라내면 의식이 끝나며, 잔치가 벌어진다.

2) 세례명(생일) 축하

그리스인은 자신이 태어난 날을 축하하지 않는다. 대신 자신의 이름과 같은 이름을 가진 성자의 축일을 자신이 태어난 날로 기리며 축하한다. 그날이 되면 이름의 축일을 맞은 사람은 스스로 단 과자를 사서 돌리며, 자신의 축일임을 주변 사람들에게 알리고, 사람들은 축하의 말을 건네준다. 아주 가까운 친지가 아니면 선물을 건네주지 않는 것이 관습이므로, 그냥 단 과자를 받아먹기만 하고 부담을 느끼지 않아도 된다. 생일 축하 파티는 하기도 하고 안 할 수도 있는데 혹 그런 파티에 초대를 받거나 하면 형편에 맞는 선물을 준비해 가기도 한다. 자신의 이름에 맞은 성자의 축일에 다른 사람들에게 과자를 베푸는 것을 통해 자신의 생일이라는 것을 공연히 자랑스럽게 알리고, 그렇게 하는 데에 서로가 거리낌이 없다.

달마다, 날마다 축하하는 이름들이 많고 또 흔한 이름들은 축

일이 서너 개가 되는 것도 있어 그중에 하루를 골라서 자신의
축일로 삼는다. 각 달에 배정된 이름 종류의 수는 다음과 같다.

1월(74), 2월(59), 3월(75), 4월(30), 5월(77), 6월(70), 7월
(66), 8월(84), 9월(131), 10월(79), 11월(88), 12월(93)

다음은 다소간 우리에게도 알려져 있는 많이 쓰이는 이름
축일의 예이다.

1월: 6일(포티니, 포티스, 파니), 7일(이아니스, 존), 23일(디
오니소스), 25일(그레고리, 죠지, 마가렛),

2월: 6일(포티스), 26일(포티니)

3월: 12일(파니), 15일(그레고리, 죠지), 18일(에드워드)

4월: 10일(헤라클레스, 호머[호메로스], 소크라테스), 21일
(야누스, January), 30일(아곱, 제임즈)

5월: 11일(올림피아), 21일(헬렌)

6월: 15일(모니카), 29일(파블로스, 폴, 바울)

7월: 25일(올림피아스)

8월: 12일(포티스), 15일(메리, 마리아)

9월: 1일(판도라, 사포), 4일(모세스), 17일(소피아),
23일(이리스)

10월: 19일(클레오파트라), 21일(소크라테스), 26일(디미트라)

11월: 1일(다비드, 디오니소스), 18일(플라톤), 21일(버지니아)

3) 결혼식

인구밀도가 우리나라보다 낮은 그리스의 결혼식은 우리보다 더 여유 있게 이루어진다. 예식장에서 한 시간 사이에도 두 쌍씩 막 진행되는 것이 아니라, 대개 교회당에서 한 쌍을 두고 조촐하고도 진지하게 이루어진다. 결혼식은 흔히 저녁에 이루어진다. 한여름 대낮의 더위를 피해서 선선한 저녁에 결혼식을 하는 것이 그대로 관습이 되어 다른 계절에도 그러하다. 오후에 낮잠을 자는 습관이 있는 이들은 비중 있는 행사들이 흔히 저녁에 열리는 것이다. 결혼식을 마친 다음 대개는 바로 만찬장으로 자리를 옮겨 피로연을 하게 된다.

흔히 교회에서 사제에 의해 거행되는 결혼식의 제단에는 결혼반지와 화관이 준비되어 있다. 사제가 신랑과 신부에게 반지를 끼워 주고 화관을 얹어 준다. 사제와 입회인이 다 같이 세 번 화관을 얹는 흉내를 낸다. 또 사제는 신랑과 신부에게 포도주를 권하며, 이는 기쁨과 고통을 함께한다는 의미를 갖는 것이다. 그 후 신랑과 신부는 제단의 주위를 돈다. 하객들은 '쿠페타(아몬드를 흰 당분으로 입힌 과자를 넣어 흰천으로 묶은 것)'를 선물로 받는다.

결혼식 만찬회장이 모습

　　결혼식에 오는 사람과 피로연에 오는 사람은 구분되며, 피로
연에는 정식으로 초대된 사람들만 참석한다. 피로연 회장에는
이미 좌석 명단까지 입구에 걸어 놓아서 어디에 앉을 것인지
를 미리 알고 또 안내를 받아 들어서는 것이다. 초대하는 쪽에
서는 같이 앉아서 담소할 사람들까지 신경을 써서 배정한다.
　　피로연 회장에서의 백미는 음식을 들고 난 다음에 추는 신
랑과 신부의 춤이다. 신혼부부가 추는 춤은 아름다워야 하므
로 미리 연습을 많이 한다. 신혼부부가 춤을 추고 나면 손님
들도 하나 둘 나아가 함께 춤을 추며 새벽이 될 때까지 마시
고 흥겹게 놀며 결혼을 축하해 준다.

3. 정치적 축제

1) 3 · 25일 독립기념일

3월 25일은 그리스 정교회 신자들에게 특별한 의미를 가

진 날이다. 바로 천사장 가브리엘이 마리아에게 아들을 낳을 것이라는 것을 고지한 날이기 때문이다.

파트라스의 게르마노스 주교는 이날 터키에 항거하여 깃발을 들고 독립운동을 시작했다. '그리스 만세(지토, 헬라스)'와 '죽음 아니면 자유(엘레브테리아 이 타나토스)'의 외침은 그때뿐 아니라 오늘날에도 흔히 들리는 외침이다. 자유의 전사들, 일명 '도둑들(게릴라)'은 자신의 목숨을 희생했다. 콜로코트로니스, 니키타라, 카라이스카키스, 부불리나, 보차리스 등은 독립운동의 영웅들이다.

1453년 콘스탄티노플(이스탄불)의 함락으로 시작되어 약 400년간 지속된 터키 지배에 대한 그리스인의 저항은 이미 18세기 후반에 대두되었다. 이른바 '도적들'이라 불리는 그리스인 게릴라들이 그 중심에 섰다. 뿐만 아니라 외세의 개입이 그리스의 독립에 영향을 미쳤다. 그리스 독립은 터키와

아테네 시내 스타디우가(街) 옛 국회의사당 앞에 있는 말을 탄 콜로코트로니스상(像)

대립하면서 부동항을 찾아 남하하려 했으며 그리스와 종교가 같은 정교도 국가인 러시아의 사주를 받은 점도 없지 않다. 그 한 예가 그리스계 러시아인 장교로 그리스 정교도인 게오르기오스 파파졸리스였다. 당시 러시아는 피터 대제, 특히 예카테리나 여제 이후 부동항을 찾으려고 부단히 노력했고, 그런 노력에 편승하여 파파졸리스는 그리스의 저항을 촉구하기 위해 그리스로 파견되었다. 그는 펠로폰네소스 남부 칼라마타에서 봉기했으며, 다른 그리스인들도 이 기회를 이용하여 호응했다.

1770년 테오도로스 오를로프를 선두로 러시아 함대가 펠로폰네소스로 왔고 50명 정도의 군인이 마니에 상륙했다. 이때 그리스인은 봉기했으나, 트리폴리에서만 그리스 정교도 3,000명이 투르크에 의해 학살되었다. 1770년 알렉시스 오를로프가 군대를 증강하여 나바리노에 도착했지만 별 효력이 없었다. 5월 26일에야 러시아 군인들은 다시 함대에 올라타고 에게 해로 나가 투르크와 해전을 벌여 승리했다(카이나르지스의 조약 1774).

러시아의 뒤를 이어 1800년대 이후에는 프랑스와 영국 등도 각기 자국의 이해관계에 따라 그리스의 독립에 관여하게 된다. 이들 외세는 러시아와 터키를 둘러싸고 각기 입장들이 달라서 합종연횡의 복잡한 외교관계가 연출되게 된다. 그런 가운데 그리스의 독립운동은 산발적으로 전개되었다. 이와니나에서 봉건주군같이 독립적인 위상을 지녔던 알리 파사에 대한 산악 마을 술리 사람들의 저항은 1790년대 이후 1821년 독립운동 발발의 전야까지 계속되었다.

1821년에 본격화된 그리스 독립운동의 원동력도 러시아에서 활동한 사람들에게서 나왔다. 그 원동력은 국내외 상인들의 세력이 중심이 되었고, 그 외 영국, 프랑스, 러시아의 외세가 개입되었다. 독립운동 단체 가운데서 큰 역할을 한 집단은 러시아의 오데사에서 결성되어 그리스 국내외 세력이 결집한 '우정의 결사(필리키 에테리아)'였다.

초기 독립운동의 구심점 가운데 하나였던 '우정의 결사'는 러시아의 오디소에 살던 3명의 상인, 스쿠파스(Nikolaos Skouphas: 1779∼1819), 차칼로프(Athanasios Tsakaloph: 1788∼ 1851), 크산토스(Emanuel Xanthos: 1772∼1852)에 의해 창립(1814년 9월 14일)되었으며, 스쿠파스가 죽은 후 세케리스(Panagiotis Sekeris: 1785∼1846)가 들어섰다. 이들은 러시아에서 외무상을 지낸 이와니스 카포디스트리아스를 대표로 세우고자 했으나 그가 처음에는 거절했으므로 러시아 군대에서 경력을 쌓았던 알렉산드로스 입실란티스(1792∼1828)가 앞장을 섰다. 그 후 카포디스트리아스는 1827년 3월 3일 트리지나 집회의 결정에 따라 그리스 독립 정부의 수반으로 초대되었다.

이때 그리스의 영토는 터키와의 치열한 격전과 수많은 인명의 희생을 대가로 하여 펠로폰네소스 반도를 중심으로 시작되었다. 터키에 의한 키오스 섬 그리스인 학살(1822년 4월), 메솔롱기 포위망의 탈출 시도(1826) 등으로 많은 사람들이 죽었다. 그리스 독립운동에 동참했던 유명한 영국 시인 바이런도 메솔롱기에서 죽었다. 1829년, 8년간의 투쟁 끝에 그리고 콘스탄티노플 근교까지 쳐들어온 러시아 군대의 위협에 져서 터키의 술탄 마흐무드 2세는 '아드리아노플' 조약에 의해 그리스의 독립을 인정했다.

그리스 독립은 대터키 투쟁뿐 아니라 내부의 알력으로도 난관에 봉착했다. 카포디스트리아스 정부는 수세제도, 재판 제도 등에서 중앙집권 정책을 추구했으나, 그에 반대하는 사람들이 1831년 9월 27일에 이와니스 카포디스트리아스(1776~1831)를 암살했다. 그 후 그 동생 아우구스티노스 까포디스트리아스(1778~1857)가 수상이 되었다.

내분을 지양하기 위해 그리스인은 독일 바바리아의 귀족을 오토를 왕으로 추대하여 그리스에서는 군주정이 들어서게 된다. 그리스 정교회의 나라에 가톨릭 교도였던 오토가 1833년 2월 영국 배를 타고 그때 수도였던 펠로폰네소스 반도의 동쪽 해안 나브플리오에 도착하게 되었다. 그 이듬해 그리스의 수도는 아테네로 옮겨 간다.

그리스 독립의 역사는 물론 그리스인들이 중심이 된 것이지만, 이렇게 열강의 세력 확대와 식민지 분할 등의 시대적 조류에 편승한 점이 없지 않다. 또한 그리스의 독립은 그리스 정교 혹은 이슬람 등 보편적 이념의 종교국가에서 탈피하여 근대적 형태의 국가로 탈바꿈하는 과정에 있었다. 그 19세기에 들어서서 조직적으로 이루어진 독립운동의 중심은 상인, 귀족, 지식인 등이었으며, 농민들은 오히려 새로 들어선 근대 정부의 과세에 의해 불이익을 당한 점도 있다. 특히 소아시아의 그리스 정교회 농민들은 독립운동에 반드시 적극적인 것은 아니었으며, 보편적 기독교 나라의 이념을 지향하면서 독립보다는 오히려 당시의 무슬림 터키 제국 자체를 그리스 정교회의 나라로 만들어야 한다고 생각하여 독립운동에 반대한 이도 적지 않았다.

다음의 시는 19세기 초 그리스 시인 솔로모스가 독립운동에 부쳐 쓴 긴 시 '자유를 위한 찬가' 가운데 첫머리에 나오는 것으로 오늘날 그리스의 국가 가사이다.

자유의 찬가

나는 너(자유)를 무서운
칼날을 통해서 알고 있지.

나는 너(자유)를 힘(폭력)으로
땅을 지키는 얼굴을 통해 알지.

그리스인의 성스러운
뼈(죽은 자)로부터 나온 너.

처음으로 용기를 가지고 나선 너.
자유여, 오라, 오라, (세 번 후렴)

그리스의 국기도 1821년 독립운동을 시작할 때 만들어진 것으로 바뀌지 않고 지금까지 사용되고 있다.

그리스 국기

펠로폰네소스에서 시작된 그리스 독립운동은 1920년대 초반까지 북쪽 및 북동쪽으로 영토를 확대해 나갔다. 독립운동은 약 100여 년 계속되었으므로 그리스에서는 지역마다 독립기념일이 다르다.

1920년대 초반 소아시아의 그리스 정교도들이 터키의 케말파샤에 의해 후진된 이른바 '민족 교환(메타나스타시)'에 의해 그리스 땅으로 밀려 들어왔을때, 그리스는 소아시아 본토에서 근거를 상실했다. 그 가운데는 소아시아 연안의 번화한 도시 즈미르나(이즈미르)도 들어간다. 현재 소아시아 연안 대부분 섬들만 그리스 땅으로 남아 있다.

오늘날 그리스의 영토에 속하는 에게 해 및 그리스 서쪽 이오니아 해(아드리아 해)의 섬들은 무슬림 터키, 가톨릭의 베네치아, 제노바 등은 물론 식민 제국 영국 및 프랑스 등의 통치를 경험했다. 그 한 예가 아드리아 해의 에프타니사(7개 섬)이다. 에프타니사 가운데 케르키라는 이탈리아 서남부의 도시 네아폴리스의 지배하에 있다가 1386년 베네치아(1386~1797)에 있었다. 케팔레니아는 제노바의 지배하에 있다가 베네치아로 넘어갔다.(1500~1797). 이들 이오니아 해의 섬들은 1797년 캄포포르미로 조약 이후 프랑스로 넘어갔다가 1800년 콘스탄티노폴리스 조약 이후 7개 섬 체제(Eptasisiaki politeia)로 터키의 술탄에 종속되었다. 이들은 다시 1815년 영국의 감독하에 <이오니아 니시아의 연합국가 Inomenes Politeies ton Ionion Nision>로 독립되었다가 우여곡절 끝에 1864년 그리스에 병합된다. 크레타와 키프로스 등의 섬들도 유사한 운명을 겪었

으며, 어렵사리 그리스 영토로 편입되게 되었으며, 키프로스
는 아직도 그리스 키프로스와 터키 키프로스로 양분되어 있
고, 그 각각에 영국의 군사기지가 설치되어 있다.

그리스 각 지역이 그리스에 편입된 시기가 서로 다르므로,
지역마다 독립 기념일이 다르다.

2) '아니오'의 날(Ochi Day / No Day)

제2차 세계대전 중 이탈리아가 그리스 땅을 침범했을 때
정부와 민간인이 모두 거국적으로 그들에게 협조하기를 거부
했던 날이다. 1940년 10월 28일은 당시 중립을 표방했던 그
리스의 수상 메탁사스가 그리스 영토를 통과하게 해 달라는
이탈리아 측의 요구에 대해 거부의 입장을 이탈리아 측에 통
고한 날이다.

그 후 독일군이 그리스 땅으로 진주해 오면서 한때 그리스
는 독일군과 이탈리아의 침공을 받았다. 그러나 그리스 사람
들의 대동단결에 의한 끈질긴 저항에 의해 마침내 독일군은
발목이 잡혀 소련 침공의 적기를 놓치게 되었고, 이탈리아인
도 알바니아와 이탈리아 등지로 쫓겨 갔다. 지금도 그리스인
은 제2차 세계대전에서 연합국의 승리를 가져오게 된 숨은
공로자가 그리스라는 자부심을 가지고 있다.

그때 이후 '아니오(오히 Ochi)'란 말은 그리스인들이 사랑
하는 구호가 되었고, 그리스의 도시에는 대소를 막론하고 거

의 예외 없이 이날을 기려 그 이름을 딴 '10월 28일(이코시 옥토 옥코브리우)' 거리가 있다. 이날은 도시마다 군인들의 행진이 있다.

3) 학생봉기 기념의 날(11월 17일)

1973년 7년간 계속된 파파도풀로스의 우익독재정부(1967~1973)에 항거하여 아테네 공대 학생들이 봉기한 날. 군사독재정부는 탱크를 대학 내로 진주하게 하여 많은 학생들이 죽임을 당했다. 이날에는 많은 사람들이 모여 미국대사관까지 행진을 한다. 이날에는 미국대사관에 볼일이 있더라도 다른 날로 미루고 안 가는 것이 안전하다.

4. 정교회 축일 및 전통의 이교 축제

그리스에서는 정교회 기념일과 전통의 이교 축제가 서로 엮여 있다. 특히 3~8월에 이르는 봄여름 기간에는 아름답고 온화한 지중해성 기후에 어울리는 갖가지 축제가 곳곳에서 벌어진다. 이때 그리스인은 도시를 떠나 시골과 섬들을 방문하며 자연을 즐기고 사람들과 함께 사교를 한다. 개방적인 성격의 그리스인들은 2주일이 멀다하고 잦게 벌어지는 축제를 찾아 고향 마을을 찾고, 수고하여 번 돈의 일부를 고향 사람들을 위해 기꺼이 기부하며 축제의 자리를 더욱 기쁘고 흥겹게 만든다. 이런 여유는 도시생활에 찌들고 또 여유가 없는 사람들은 물론 돈이 있는 사람들도 더 많이 모으기 위해 이른바 '재테크'에 열중하는 우리와는 아주 다른 모습이다.

1) 바실리우스 축일(1월 1일)

이날은 성 바실리우스가 죽은 날(379년 1월 1일)과 함께 새해의 시작을 기리는 것이다. 이날은 바실로피타(바실리우스의 빵)를 잘라 먹는다. 빵을 만들 때 동전을 미

바실로피타 (바실리우스의 빵)

리 넣어 두고는 빵을 잘라 나눌 때 그 동전을 발견한 사람에게는 그해 행운이 깃들 것이라 믿는다. 바실로피타는 중간에서 가장자리로 잘라내어 삼각형 평면으로 하며 시계방향으로 잘라낸다.

설날 아침이 되면 가장은 석류를 들고 교회로 가며, 돌아와서는 집 문전에서 석류를 던져 깨뜨리면서 '만수와 행복(흐로냐 뽈라 케 에프티히즈메나)'을 기원한다. 꽉 들어찬 석류 알은 부와 풍요의 상징이다. 동시에 불행을 막아내는 상

징으로 문간에 양파나 올리브 혹은 월계수 나뭇가지를 걸어
둔다.

2) 에피파니아 축일(1월 6일)

에피파니아 축제에서 사람들을 물가
로 인도하는 사제들의 모습

물을 기리는 날로 이른 아침
교회에서 물을 축하하는 의식을
치른다. 그런 다음 마을 사람들
은 사제를 따라 물가로 간다.
사제가 십자가를 바다, 강, 호수
에 던지면 둑에 있던 사람들이
물속에 뛰어들어 그것을 건져오
도록 한다. 제일 먼저 헤엄쳐서
그것을 차지하는 사람에게 행운
이 깃든다고 믿는다. 이 행사는 곳곳에서 이루어지나 아테네
의 외항 피레우스의 것이 유명하다.

12월 25일 땅속에서 튀어나온 악마 칼리칸자로스는 이 물
의 의식을 통해 땅속이나 물속으로 사라져 버린다.

3) 사육제(아포크리아스), '카니발(가면 축제)'

2월 중순(날짜는 유동적) 약 3주간 사육제가 이루어진다.

사육제란 고기를 멀리한다는 뜻이다. 피레우스와 아테네 플라카(아크로폴리스 언덕 아래)에서 벌어지는 사육제 축제가 유명하다.

사육제 두 번째 주간은 고기를 많이 먹으나, 그 주 마지막 일요일에는 고기를 멀리하고 먹지 않는다. 여기서 '사육제', 즉 고기를 삼간다는 뜻의 용어가 생겨서 이 기간 전체를 상징하는 것으로 쓰이게 되었다. 고기 주간 다음의 세 번째 주간은 고기 대신 치즈를 먹는 '치즈 주간'이다. 3주 동안 계속되는 이 축제 때는, 매주 일요일마다 민속의상이나 베니스에서 볼 수 있는 것과 같은 가면을 두른 가장행렬이 이루어졌으나, 바쁜 일상에 요즈음은 이런 관습이 많이 사라졌다. 이 축제는 고대로부터 내려오는 헬레니즘, 즉 이교적 색채가 강하며, 디오니소스 신과 인간의 삶의 모습을 조명한 희곡이 곳곳에서 상연된다.

4) 부활절

'깨끗한 월요일(카타리 데프테라)'(날짜는 유동적): 3월 중이며, 사육제가 끝난 바로 다음으로, 부활절 마지막 일요일 이전 약 5주간의 '40일(사라코스티)'이 시작되는 때이다. 그 첫 번째 월요일이 '깨끗한 월요일'이며, 이때부터 40일의 마지막 일요일, 즉 부활절 아침까지 육식을 하지 않고 삼간다. 이때 사람들은 종이 연을 날린다.

성대 주간(聖大 週間 : 메갈리 엡도마다)

　이 일주일간은 그리스도의 수난을 되새기고 재연하는데, 그 절정은 성대 금요일과 부활절인 일요일이다. 이 주간에 여인들은 늘 푸른 월계수 나뭇가지를 성상 옆에 두는데, 이것은 치유나 다산을 기원하는 것으로 생각된다.

　로만 가톨릭이나 신교에서는 부활절보다 크리스마스를 더 크게 기리는 경향이 있으나, 그리스 정교에서는 부활절을 더 크게 기린다. 그리스도가 부활하는 토~일요일 밤 12시 이전에 사람들은 '칼로 파스카(성스런 부활절)'라고 서로 인사를 주고받으나, 부활절의 12시가 지나면 '흐로냐 폴라(만수 혹은 오래 사세요)'라고 인사한다.

아테네 시내 스타디우가(街) 클라트모나스(눈물의) 광장 가까운 곳 아기오스(聖) 테오도로스 정교회와 나무: 파스칼리아는 부활절 무렵에 화려하게 핀다.

부활절 아테네 아크로폴리스 아래 모나스티라키 전철역 광장에서 성자를 재현하고 있는 모습

예수의 죽음과 부활을 기리는 파스카는 주로 4월에 이루어진다. 이 화려한 봄의 계절은, 동시에 그리스의 이교적 전통인 술의 신 디오니소스 혹은 바카스의 죽음과 부활을 기리며, 나아가 겨울을 지난 다음의 자연의 부활과도 통하는 것으로 그리스인들에게는 다양한 의미를 지닌 채 다가온다.

성대(聖大) 목요일

예수가 처형되기 전 날인 목요일에는 계란에 갖가지 색깔을 입혀 삶아 둔다. 다가오는 토요일 밤 12시 그리스도의 부활이 선포되고 예배가 끝나면 집으로 돌아간 사람들은 이 계란의 꼭지를 서로 부딪치며 누구의 계란이 깨지고 누구의 것이 성하게 남는지 하는 것으로 경쟁한다.

성대(聖大) 금요일(메갈리 파라스케비)

이날은 예수 그리스도가 처형당한 날을 기리는 것이다. '성대(聖代) 금요일'에는 예수의 죽음을 기려서 마을마다 촛

불을 들고 무덤으로 향하는 행진
을 한다. 정교회에서는 아침 예
배 때 예수를 십자가에서 내려
장사를 지낸다. 그리스도의 무덤
(에피타피오스)은 교회 탁자 위
에 육면체로 마련되고 갖가지 꽃
으로 그 무덤을 장식한다.

부활절 한밤 교회를 밝히고 있는 양초

사람들은 그 무덤(상여)에 입
맞추고 여자와 아이들은 무릎으로 걸으면서 무덤의 주변을
세 번 돈다. 온종일 슬픔의 종을 울린다. 그날 밤이 되면, 각
교회에서 꽃으로 장식한 그리스도의 무덤을 메고 거리로 나
와서, 북소리 등에 맞추어 사제를 따라 행진하며, 교회 주변
을 돌기도 하고 또 시청이나 군청이 있는 광장으로 함께 모
여, 거기서 가장 아름다운 무덤이 어느 교회의 것인가를 뽑
기도 한다.

행렬이 끝나면 무덤은 다시 교회로 돌아오고 그것을 장식
했던 꽃들은 사람들에게 분배되고, 사람들은 이것을 집으로
들고 가서 성상 곁을 장식한다. 이날은 간소하게 먹거나 금
식을 한다.

성대(聖大) 토요일

이날 부인들은 아기 예수와 수의를 입은 나사로의 모습을
넣은 '라자라키아(라자로의 빵)'를 굽는다. 아이들은 작은 목각

부활절 밤 12시 교회 마당으로 나와 그리스도의 부활을 선언하는 사제와 신도들의 모습

인형을 꽃으로 장식하여 들고는 집집이 방문하며 노래를 부른다. 또 소녀들이 빨래방망이를 갖가지 색의 천으로 감아서 들고 다니면서 '라자리카' 노래를 부르기도 한다.

부활절(일요일)

그리스 정교회의 가장 큰 행사로 4월 혹은 5월 중에 이루어진다. 토요일 자정 전후해서 일요일 아침까지 미사가 거행된다. 성대(聖代) 일요일은 교회의 가장 큰 축일이다.

미사 때 남자는 오른편, 여자는 주로 왼편에 서는 전통이 있다. 자정이 되기 조금 전에 교회의 모든 불이 꺼지고, 암흑 속에서 사제만이 횃불을 밝혀 들고 그 불을 차례로 사람들의 촛불에 옮겨 준다. 이 불은 해마다 예루살렘에서 가져오는 것으로 생각된다. 예루살렘에서는 부활절이 되기 전에 이미 아무 장치도 없는 가운데 기적에 의해 불이 붙는다고 한다.

부활절 밤 12시에 올리는 폭죽

부활절의 색색의 계란

부활절에 만들어먹는 빵 '추레끼'

촛불은 자꾸만 다른 사람들에게 전파되면서 교회 전체가 환해지기 시작할 때, 사제들과 촛불을 손에 든 사람들이 제각기 교회 바깥으로 나와서 자리한다. 그런 가운데 정각 12시가 되면, 예수의 부활을 선포하는 동시에 종소리가 수없이 울리고 요즈음엔 하늘에 폭죽도 올린다. 한꺼번에 온 세상이 진동하는 것이다. 사제는 '그리스도가 부활하셨습니다(흐리스토스 아네스티).'라고 말하고, 신자들은 '진실로 부활하셨습니다(알리토스 아네스티)' 혹은 '키리오스 아네스티(예수님 부활)', '알리토스 키리오스(진실의 주님)'라고 응답한다.

그런 다음 다시 교회로 들어가서 한 시간이 넘게 다시 예배를 본 다음 두 세시 경이 되어 집으로 돌아간다. 그때 촛불을

40일의 금식이 끝난 다음 먹는 양의
내장으로 끓인 수프 '마기리차'

곱게 들고 집으로 옮겨 가서는 기름등잔에 옮겨 놓는다. 등
불 옆에는 다프니 등의 가지를 함께 놓아 둔다.

그 밤에 사람들은 40일 동안의 금식 끝에 양의 간, 내장에
다 쌀이나 채소를 넣어 함께 끓여 레몬 즙을 친 마기리차(수
프)를 먹는다.

또 이날은 이미 그 전 목요일(붉은 목요일)에 붉고 푸른 갖
가지 색깔을 칠해서 삶아 놓은 달걀을 들고 다니며 서로 마주
쳐 모서리가 깨어지지 않은 사람이 또 다른 사람의 계란과 차
례로 부딪는다. 이렇게 계란의 모서리가 부서지지 않은 쪽이
행운을 얻는 것으로 생각한다. 계란의 한쪽 끝이 부서진 사람
은 꺽이지 않고 같은 계란의 다른 쪽으로 다시 상대와 겨루어
보기도 한다. 날이 밝으면 방방곡곡 야외에서 양 바비큐를 만
든다. 부활절의 고유한 빵으로 '추레끼'를 먹으며 과자 '쿨루
라키'를 먹는다.

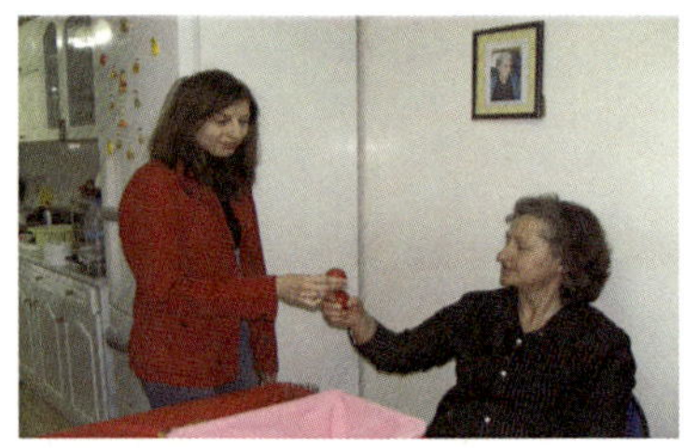

부활절 계란 깨기

부활절의 등불과 다프니 가지

사람들이 거리에서 서로 만날 때도 '크리스토스 아네스티'라고 하고 '알리코스 아네스티' 혹은 '알리토스 키리오스' 등으로 대답하면서 대화를 주고받는다. 그런 다음

부활절 쿨루라키

서로 포옹을 하고 거리에서 부활절 축제를 벌이며 불꽃놀이 등을 한다. 특히 크레타 섬의 하라카스 모노파치우 마을에서는 유다의 허수아비를 불태운다.

5) 아기오스 게오르기오스 기념일(4월 23일)

그리스 중부 파르나소스 산 자락, 델피에서 가까운 산마을 아라호바(치즈 등 유제품 생산지로 유명하다)

성자 게오르기오스를 기리는 날이다. 렘노스 섬 칼리오피에서는 말 경주를 하며, 델피 가까운 산마을 아라호바에서는 사흘간 계속 축제를 연다.

크레타 섬 하니아에서는 종교행사와 함께 목동들이 양털 깎기 경연을 벌인다.

6) '꽃의 날'(5월 1일, 노동절)

　야외로 꽃을 보러 나간다. 그 외에도 5월 중에는 아테네 근교 엘레우시스에서 민속 축제가 열린다. 레스보스 섬에서는 '시(poet)와 예술(art)의 주간'이 열린다.

그리스 5월의 꽃
(그리스 서북쪽 이와니나 대학 내)

그리스 5월의 꽃
(그리스 서북쪽 이와이나 대학 내)

그리스 5월의 꽃
(그리스 서북쪽 이와니나 대학 내)

7) 미스트라스의 팔레올로고스 축제(5월 29일)

비잔틴 마지막 팔레올로
고스 황가를 기리는 축제.
한때 펠로폰네소스의 미스
트라스에 황제가 머물렀던
사실을 기념하는 것이다.

미스트라스에 있는 비잔틴 시대의 유적

8) '성령(Holy Spirit) 축일'(6월 중 3일간)

사람들이 섬들로 나가서 아테네가 텅 빈다. 그리스 정교회
축일 가운데 부활절과 8월 15일 '마리아(파나기아) 축일' 다
음으로 가는 축제이다. 목 · 금요일 배를 타고 나갔다가 일 ·
월 · 화요일에 돌아온다.

9) 레스보스 섬 아기아(聖) 파라스케비 동네의 축제

6월 말경 사흘간 레스보스 섬의 한 마을 아기아 파라스케
비에서는 '황소 축제'가 이루어진다. 생음악과 축제, 말 경주
가 거리에서 이루어진다.

에게 해 동부 터키 연안에 있는 아름다운 레스보스 섬

10) 유럽 음악의 날(6월 21일)

이날은 하지로 일 년 중 낮의 길이가 가장 긴 날이다. 이
날 그리스 전역에서 사흘 동안 음악을 즐긴다.

11) 미아울리스 축제

이드라 섬(아티카 반도 남쪽 사로니코스 만)

6월 마지막 주 이드라
섬에서는 독립전쟁 당
시 해군제독이었던 미
아울리스 장군을 기리
는 축제가 벌어진다. 춤,
연설, 악단의 공연 등이

있다. 토요일 밤이 축제의 절정인데, 이때는 항구 가까운 극장에서 모의 해전을 구경한다. 터키 국기를 단 배를 태우는 행사를 벌인다.

12) 7월 중 전통적인 이른바 '이교' 축제

해가 길고 여름 휴가철이 본격화되는 7월에는 곳곳에서 전통의 축제가 벌어진다. 에피다브로스의 '비극 축제'가 있으며 또 곳곳에서 '헤라클레스 축제'가 7~9월에 걸쳐 이루어진다.

펠로폰네소스 반도 동부 에피다브로스 극장 유적

13) 파나기아(성처녀/성모 마리아)의 날(8월 15일)

성모 마리아(파나기아)와 아기 예수

성모 마리아의 죽음

이날은 신(예수 그리스도)을 낳은 성모 마리아(Theotokos, Panagia)의 죽음과 승천을 기념하는 날이다. 여름철의 가장 큰 종교 축제일이라고 할 수 있으며, '여름철의 파스카'로도 불린다.

전설에 따르면, 성모 마리아는 자신의 죽음이 임박한 것을 알고는 엘레이 산으로 가서 사도들에게 이 사실을 알렸다. 그때 예루살렘에 있지 않고 멀리 있던 사도들을 구름이 실어서 마리아의 옆으로 데려다 주었다고 한다. 사도들은 마리아를 게세마네 동산에 묻었다. 사흘 뒤에 마리아는 무덤에서 사라져 승천했다고 한다.

보통 금식주간에는, 토요일과 일요일만 제외하고, 식용유 금식을 하지만, 성모 죽음과 승천을 기리는 이 축제 때는 금하는 음식 없이 다 먹는데, 축제날이 수요일이나 금요일에 해당되면 물고기만 먹는다.

14) 크리스마스 전야(이브: 12월 24일) 및
예수(그리스도)의 날(12월 25일)

그리스도의 빵(크리스톱소모)

크리스마스 전야에는 아이들이 칼란다(캐럴)를 부르며 돌아다닌다. 칼란다는 건강, 부, 행복을 기원하는 내용들이다. 집집마다 돌아다니며 칼란다를 부르는 아이들에게 집주인은 과자나 돈을 건네준다. 마을에 따라서는 마을 곳곳에 불을 지피고 사람들이 돌아다니기도 한다.

크리스마스 날에는 새벽부터 교회에서 미사가 집전된다. 이날은 닭고기, 칠면조 고기, 그리스도의 빵(크리스톱소모) 등을 먹는다. 가장이 그리스도의 빵을 자르면서 만수(萬壽 흐로냐 폴라)를 기원한다.

15) 까치설날(12월 31일)

푸른색 탁자에 둘러앉아 카드를 치고, 아이들은 칼란다(캐럴)를 부르며 사람들은 서로 선물을 주고받는다.

칼란다를 부르며 집집이 다니는 아이들의 풍속도

16) 악마 칼리칸자로스/깔리깐자로스(Kallikantzaros)

칼리칸자로스는 그리스의 전설에 따르면, 연말연시에 출현하는 악마이다. 지하에 살다가 12월 25일이 되면 지상으로 나와서 1월 6일이 되면 다시 지하로 사라진다. 이때 약 2주간은 동지, 즉 해가 남쪽 끝으로 가서 움직이지 않는다고 그리스인은 생각한다.

칼리칸자로스는 지하에서 나무를 켜고 있어서 나무가 무너지면 지구도 무너지게 된다고 그리스인은 생각한다. 그런데 그 나무가 무너지려는 순간에 크리스마스 날이 밝아 오고 칼리칸자로스는 지상으로 올라와서는 나무 켜기를 멈춘다.

'에피파니'(1월 6일)의 날이 되면, 그들은 다시 지하로 돌아가 2주 동안 다시 원래 상태로 돌아온 나무를 다시 켜기 시작한다. 해마다 이런 일이 반복된다고 생각한다.

칼리칸자로스의 모습은 지역마다 다르다. 일부 동물, 특히 염소의 모습을 하고 털이 돋아 있으며, 곰의 턱을 하고, 아주 크거나 아주 적다. 냄새가 나며, 난쟁이라고 생각하기도 한다. 이들은 물가에 몰려 있기도 하고, 굴뚝을 타고 집 안으로 들어와서 음식을 망쳐 놓기도 한다. 이 칼리칸자로스는 굴뚝을 타고 들어오는 점에서 산타클로스와 유사하나 선물이 아니라 해를 끼친다는 점에서 그와 다르다.

칼리칸자로스에 의한 해악을 피할 수 있는 방법이 있다. 칼리칸자로스는 밤을 좋아하므로, 낮에는 그들로부터 자유롭고 안전하다. 또 집 문 앞에 '채'를 놓아두면, 칼리칸자로스가 왔다가도 그 채의 구멍을 헤아리는 데 정신이 팔려 있다가 해가 돋으면 숨게 된다고도 한다. 칼리칸자로스는 2까지밖에 헤아릴 수가 없고, 3은 성스러운 숫자이므로 3을 외치면 칼리칸자로스는 스스로 자살하게 된다. 칼리칸자로스가 접근하지 못하도록 밤새도록 난로에 불을 밝히기도 한다.

12월 17~26일 사이에 태어난 아이는 어른이 되면, 크리스마스 계절에 칼리칸자로스로 변할 위험이 있다. 그런데 마늘가지와 짚으로 아이를 묶어 두거나 발톱을 살짝 그을리면 그것을 막을 수 있다고 한다.

가톨릭과 지방자치제에 따른 이탈리아 축제

김희정[*]

우리는 저마다의 이탈리아를 가슴속에 간직한다. 이탈리아의 예술, 역사적 유물, 건축물과 자연 경관이 우리의 마음속에 자리할 것이다. 완성된 대상으로서 이런 유산들이 우리를 과거의 시간으로 데려간다면, 생생한 삶의 단면으로서의 축제는 과거로부터 현재를 이어 주는 살아 있는 이탈리아의 모습을 전해 준다. 이탈리아 본연의 열정과 쾌활함을 두고 흔히 '돌체 비타 이탈리아나(dolce vita italiana, 이탈리아의 즐거운 인생)'라 칭하는데 이런 민족성이 고스란히 드러나는 것이 바로 축제라 할 수 있다.

축제를 의미하는 이탈리아어 '훼스타(festa)'는 라틴어 '페스투스(festus)'에서 나왔다. '페스투스'는 종교적인 의식에 들어간다는 뜻이다.[1] 축제를 뜻하는 또 다른 이탈리아어 '훼리아(feria)'는 일을 하지 않는 날을 뜻하는 라틴어 '훼리에(feriae)'

---

* HK 연구교수

1) 율리히 쿤 하인 저, 『유럽의 축제』, 심희섭 역, 컬처라인, 2001. p.9.

에서 파생된 말이다. 이 두 말을 조합해 보면, 축제란 일상적인 일에서 벗어나 종교적 의식에 들어가는 것이라 정의될수 있다.

이탈리아는 실제 자신의 역사를 만든 가톨릭과 밀접한 관련이 있다. 가톨릭의 정신적 지주인 교황이 다스리는 바티칸 시국을 맞아들인 이탈리아는 여전히 전통적으로 열정적인 종교 축제를 계승하고 있다. 이탈리아 전역에서 행해지는 이 종교적인 축제가 가끔 각 지방의 세속적인 의식과 섞여 공동체적 가치를 드높이기도 한다.

19세기가 되어서야 하나의 국가로 통일된 이탈리아의 경우, 지방 자치주의의 뿌리가 어느 나라보다 강하다. 북에서 남에 이르는 지역별로 수 세기 전부터 계승된 전통 축제들이 있었고, 이런 축제들을 통해 각 도시에 대한 소속감이 강조되었다. 각 지방의 독창성과 정체성을 바탕으로 갖가지 시합 및 경기, 음식 축제, 카니발 등이 열리며 옛것을 재현하고 계승하려는 사람들의 유대감이 한층 고취된다.

이처럼 이탈리아의 축제는 종교성과 더불어 각 도시의 고유한 색깔을 고스란히 담고 있다. 따라서 이 책에서는 이탈리아 문화 속에 전통적으로 자리 잡은 가톨릭 문화의 종교 축제가 지방별로 어떻게 변형되고 융합되어 행해지고 있는지 월별순으로 살펴보고자 한다.

월별에 따른 이탈리아 축제[2]

월별	축제명	대표도시
2, 3, 4월	카니발 산타 아가타 축제 부활절	베네치아, 비아레조, 이브레아 카타니아 이탈리아 전역
5월	산 니콜라우스 산 도메니코 촛불달리기	코쿨로 바리 구비오
6월	인피오라타 칼치오 스토리코	젠차노 피렌체
7월	일 팔리오	시에나
8월	야외 오페라	베로나
9월	파르티타 아 스카키 레가타 스토리카 지오스트라 델 사라치노	마로스티카 베네치아 아레초
10월	사그라 델 토르도	몬탈치노
11월	페스타 델라 마돈나 델라 살루테	베네치아
12, 1월	나탈레	이탈리아 전역

1. 카니발(Carnevale)

카니발은 그리스도교국 중 주로 로마가톨릭 나라들이 행하는 축제로 일명 사육제(謝肉祭)라고도 불린다. 해마다 부활절 40일 전부터 시작되는 사순절(四旬節) 기간 동안 그리스도의 단식을 추모하여 금육하고 단식하는 습관이 있다. 카니발은 사순절 전에 육식을 하며 즐겁게 노는 행사로 3~8일 동안 계속되는 행사다. 라틴어 카로발레(caro vale, 고기여 안

---

2) 도표에 명시된 축제는 이탈리아 축제를 대표하여 그 인지도에 따라 선별된 것임을 밝힌다.

녕) 또는 카르넴 레바레(carnem levare, 육식을 끊다)가 어원
이다.

카니발의 기원은 로마시대의 동지제(saturnalia)다. 로마의
동지제는 사투르누스(Saturnus, 농업의 신)의 제사로서, 농신
제라고 한다. 이것이 유럽의 남국에서는 옥외 축제를 주로
하는 카니발이 되었고, 북국에서는 종교적 의의를 가진 크리
스마스가 되었다. 카니발의 행사는 시대와 나라에 따라 다르
다. 농촌에서는 풍작을 기원하는 봄 축제로서, 예로부터 전하
는 가면이나 가장, 종이 인형의 형상은 악령에 대한 위협을
상징한 것인데 도시에서는 이것들을 사용하여 가장행렬 등을
성대히 거행한다.

1) 베네치아 카니발(Carnevale di Venezia)[3]

118개의 섬과 400여 개의 다리로 연결된 물의 도시 베네
치아는 이미 그 독특한 매력으로 사람들의 마음을 설레게 한
다. 흔한 자동차 대신 배나 사람의 두 다리로 도시 곳곳의
운하를 지나노라면 누구라도 아드리아 해를 향해 열린 베네
치아의 주인공이 된다. 바로 이곳에서 매년 2월 천 년 역사
의 베네치아 카니발이 열린다.

베네치아 카니발을 언급한 최초의 역사적 기록은 1039년

---

3) 베네치아 카니발에 관련된 자세한 사항은 다음 사이트를 참고하기 바란다.
http://www.carnevalevenezia.com/

이다. 18세기가 되어서야 이 행사는 베네치아인들의 삶 속에 자리 잡게 되지만, 18세기 말 베네치아 공화국과 함께 사라졌다. 이후 200년이 지난 1979년, '카니발' 연극 축제를 만들어 낸 비엔날레 주최자들에 의해 다시 빛을 보게 되었다. 이를 계기로 오늘날 베네치아 카니발은 수십만 명의 관광객을 모으는 세계적 축제로 거듭나게 된 것이다.

정확히 카니발은 10월 첫째 일요일부터 크리스마스까지, 그리고 그리스도의 공현절(1월 6일)부터 사순절(2월~부활절 전 46일)까지 지속된다. 이 기간 동안 주민들은 익명이 보장되는 가면을 벗지 않고 지냈다. 중세 계급 구분이 엄격한 신분사회였던 베네치아였기에, 이 기간 평민들은 계급의 굴레에서 벗어나 심리적 해방감을 만끽할 수 있었다. 카니발은 하층민의 불만을 해소할 수 있는 장치[4]였던 것이다. 사람들은 가면과 가장을 통해 억압된 꿈과 감춰진 열망을 마음껏 발산하고, 더 나아가 특정 인물과 사회를 풍자하는 해학과 위트까지 선보인다.

베네치아 카니발의 주 무대는 바로 산 마르코 광장(Piazza San Marco)이다. 카니발 기간에 이 광장은 거대한 야외 가면 쇼를 방불케 한다. 중세 귀족풍의 의상과 가면으로 치장한

---

4) Storti Edizioni, *Carnival of Venice*, 1999, p.46.

사람들이 환상적인 분위기를
자아내면서 과거 베네치아 공
화국의 영화를 떠올리게 만든
다. 특히 광장 한쪽에 설치된
가면무도회(Gran Ballo delle
Maschere)는 빼놓을 수 없는
볼거리다. 호텔이나 유명 카

페에서도 부자들을 위한 디너파티나 가면무도회가 개최되고,
참여 시 복장규제와 더불어 프로그램에 따라 천차만별의 입
장료도 고려해야 한다.

축제 당일 베네치아 앞바다는 수많은 곤돌라와 화려한 옷
을 입은 사람들로 뒤덮여, 도시는 운하 속의 카니발 낭만을
고스란히 느낄 수 있는 매력적인 장소가 된다.

2) 비아레조 카니발(Carnevale di Viareggio)[5]

오늘날 이탈리아에서 가장 자유롭고 재미있는 카니발 중의
하나다. 130년이 넘는 역사를 가진 비아레조 카니발은 이탈
리아에서 베네치아 카니발 못지않게 인기를 얻는 축제로 각
광 받는다. 비아레조 카니발은 사람이 직접 가면을 쓰고 즐
기는 베네치아 카니발과는 달리, 전문가들이 종이를 이용해

---

5) 비아제조 카니발에 관련된 자세한 사항은 다음 사이트를 참고하기 바란다.
　　http://www.viareggio.ilcarnevale.com/

화려한 의상을 입은 대형 인물상들을 만들어 퍼레이드를 시키는 축제다. 전문가들의 위트 넘치는 상상력으로 만들어진 인물상들은 주로 당대의 풍자 대상으로, 정치인에서부터 범죄자에 이르기까지 공인된 스캔들 메이커가 주인공이 된다. 카니발에 이용된 대형 인형들의 장식 수레는 다음 카니발 때까지 일 년 내내 전시된다. 이 카니발은 피렌체에서 피사 방향으로 1시간 반 남짓 가는 도시 비아레조에서 매 2월 오후 3시에 시작된다.

3) 이브레아 카니발(Carnevale di Ivrea)[6]

이브레아 카니발은 매년 2월경 토요일부터 화요일까지 3일에 걸쳐 행해지는 흥겨운 잔치다. 음악 밴드 행렬과 민속 복장 퍼레이드, 전통음식 축제, 과거 열렸던 축제 장면 전시회 등으로 축제의 초반 분위기가 고조된다. 오렌지 전투 축제의 서막을 알리는 불꽃 축제가 화려하게 펼쳐지고, 축제 마지막 날 본격적인 오렌지전투가 시작된다. 상대방을 향해 인정사정없이 오렌지를 집어 던지는 이 축제는 스페인의 토

---

6) 이브레아 카니발에 관련된 자세한 사항은 다음 사이트를 참고하기 바란다.
http://www.carnevalediivrea.it/

마토 축제와는 달리 단단한 오렌지를 이용하기 때문에 부상자가 속출해서 항상 앰뷸런스가 대기한다. 그러나 '자유를 위한 전투'를 상징하는 이브레아 오렌지 축제에 참여하는 사람이 해가 갈수록 늘어나는 것은, 바로 스트레스를 푸는 축제의 참의미를 느끼기 때문이다.

오렌지전투의 기원은 중세의 '초야권', 즉 신부가 결혼 전날 신랑이 아닌 다른 사람(성주나 귀족 신분)에게 몸을 바치는 악습에서 시작된다. 오래전 처녀 비올레타(Violetta) 역시 초야권을 치르게 되어 성주의 성으로 들어가지만, 그녀는 성주를 죽이고 그의 목을 잘라 성벽에 걸었다고 한다. 그녀의 용기에 힘을 얻은 마을 주민들은 그 동안의 억압과 고통에서 벗어나 봉기를 일으켜 자유를 만끽하는데, 오렌지 전투는 이 사건을 기념하기 위한 것이다. 이를 계기로 오렌지 마차와 투구를 쓰고 다니는 9팀은 포악한 성주와 병사들을, 그들에게 맨몸으로 맞서는 9팀은 시민군을 상징하며 오렌지전투가 전개되고 있다.

비올레타와 더불어 오렌지 전투 축제에서 빼놓을 수 없는 인물이 제네랄레(Generale)다. 축제의 개막을 알리는 선언문을 읽는 사람이 '장군'을 뜻하는 제네랄레로, 이브레아카니발의 통일성을 부여한 인물이다.

오렌지 전투 축제에서 눈여겨볼 또 하나의 사항은 빨간 모자를 뜻하는 '베레토 흐리지오(Berretto Frigio)'다. 오렌지 전투 축제 때 이 모자는 전투 중 중립을 상징하므로, 헬멧을 쓰지 않은 관광객이나 시민들이 수없이 날아드는 오렌지를 피할 수 있는 유일한 방법이다.

3일 동안 매일같이 대략 350톤의 오렌지가 소비될 정도로 격렬한 축제지만, 도시 전체가 오렌지 향으로 덮여 지중해를 마음껏 음미할 수 있는 기회가 되기도 한다.

2. 산타 아가타 축제(Santa Agata)

산타 아가타는 시칠리아의 대표도시 카타니아(Catania)의 수호성녀다.

아가타는 3세기경 카타니아의 유복한 집에서 태어난 신앙심 깊고 아름다운 처녀였다. 그녀는 로마 집정관인 퀸티아누스의 청혼을 받지만 이를 뿌리치고 처녀로서 그리스도에게 일생을 맡기기로 서약하였다. 모욕을 당한 집정관은 기독교가 박해받던 당시 신도 아가타를 체포해 고문을 한다. 고문 도중 아가타의 두 유방을 잘라 내는 끔찍한 고통을 주었다. 고통 중에 아가타는 성 베드로의 환상을 보았다. 성 베드로는 아가타의 가슴상처를 치료해 주었다. 다음 날 아가타는 활활 타오르는 석탄 위에 오를 운명에 처했으나, 고문 당시 갑자기 도시에 지진이 일어난다. 시민들의 감정이 격분해짐을 두려워 한 집정관은 아가타를 감옥에 가두지만 고문의 결과 숨을 거둔다.

이 후 사람들은 아가타에게 지진이나 화재를 방지해 달라고 간구하기도 하며, 잘린 그녀의 유방 때문에 유방 질환으로 고통을 겪는 여성들의 수호성인으로 추앙받기도 한다. 또한 칼로 잘라 내어 쟁반에 얹어 놓은 아가타의 유방이 마치 종이나 빵으로 보여 어떤 경우에는 종을 만드는 장인이나 빵장수들의 수호성인이 되기도 했다. 따라서 아가타를 묘사한 그림에는 흔히 커다란 족집게, 칼, 양초 횃불 그리고 자기의 두 유방을 쟁반에 담아 들고 있다.

산타 아가타 축제는 매년 2월 3일부터 5일까지 카타니아에서 열린다.

3. 부활절(Pasqua)

부활절은 잘 알려졌듯 그리스도의 부활을 기념하는 날로, 교회력 가운데 가장 오래된 축일이다.

부활절 기간 이탈리아 전역에서 행해지는 여러 행사 중 이탈리아 전역에서 성모 마리에게 봉헌하거나 그리스도의 죽음을 애도하는 행렬 등이 있다. 많은 시간이 걸리는 순례행진은 그리스도의 고난의 길을 상징한다.

특히 시칠리아의 부활절 의식 중 하나인 순례행렬은 인상적이다. 이 행진은 부활절 전 성주일에 행해진다. 스페인이 지배할 당시 영향을 받은 시칠리아는 스페인의 성삼일과 부활절에 이르는 전례 행사와 닮은 점이 많다. 시칠리아 부활절에서 눈여겨봐야 할 한 가지는, 성 목요일에 성당마다 다양한 제단을 만들어, 시민들은 사는 곳과 가까운 성당을 찾아 제단에 기도를 드리고, 순례 행진을 이어 간다. 비탄에 젖어 검은 예수상을 들고서 찬양하는 행진은 예수 수난극을 묘사하는 것이다. 축제는 성찬과 함께 평화를 상징하는 비둘기를 날려 보내는 것으로 마무리

된다. 부활절이 되면 계란 모양의 초콜릿이 온 상점의 진열
장을 채우고, '콜롬바 파스콸레(colomba pasquale)'라 불리는
비둘기 모양의 케이크가 팔린다.

시칠리아와 더불어 장관을 이루는 부활절 풍습은 피렌체에
서도 볼 수 있다. 부활절 당일 일요일 오후 펼쳐지는 축제의
이름은 일명 '수레 폭발(scoppio del carro)'이다. 대성당 두오
모 광장 앞에 폭발물이 장전된 수레가 준비되면, 부활절 미
사 노래가 시작된다. 이때 성당 중앙제단에 준비되어 있던
모형 비둘기 '콜롬비나(colombina)'가 줄을 타고 내려가 손수
레를 점화한 뒤 다시 중앙 제단으로 돌아온다. 폭발이 진행
되면서 웅장하고 화려한 불꽃놀이가 장관을 이루는 이 행사
는 6세기 이후부터 지속된 역사 깊은 축제다.

4. 산 니콜라우스(San Nicolaus)

4세기 초 소아시아 지방 리키아의 주교였던 성 니콜라우
스는 그리스정교회에서 가장 유명한 성인이 되었다. 1087년
이탈리아 남부 풀리아(Puglia) 지방의 바리(Bari)에 그의 유물
이 전해져 성인의 존재가 유럽까지 확대되었다. 그러나 사실
바리를 보호할 수호성인으로 삼고자 1087년 터키의 무덤에
서 주교의 시신을 도굴해 바리로 가져왔다는 표현이 정확할
것이다. 바리 시민들의 염원이 이루어졌는지, 오늘날에 이르

기까지 바리는 이탈리아 남단의 최 동쪽에 위치하며 지중해의 중요한 상업 도시가 되었다. 매년 5월 7~8일 이틀에 걸쳐 진행되는 산 니콜라스 축제 때, 그의 유골이 안치되어 있는 성당의 내벽에서 흘러나오는 액체를 모아 신자들에게 나누어 준다. 축제 첫날 행렬에 이어, 둘째 날 니콜라우스 성상이 배에 실려 행렬에 같이 참가한다. 이는 바닷가에 위치한 바리에서 풍랑을 피하고 안전한 항해를 기리는 의식이 반영된 것이라 할 수 있다.

5. 산 도메니코(San Domenico)

매년 5월 첫 목요일이 되면 조그만 산간 마을 코쿨로

(Cocullo)에서는 살아 있는 뱀을 휘감은 성 도메니코상이 사람들에 의해 행진된다. 이런 이유로 '뱀의 행렬(Processione dei serpari)'이라고도 한다. 기독교에서 악의 상징인 뱀과 성인의 조화가 진귀하게 여겨지는 풍경이다. 베네딕트회 수도사였던 도메니코는 산자락의 끝에 위치한 조그만 마을 코쿨로까지 와서 설교를 했던 신앙심 깊은 인물이었다. 설파를 끝내고 마을을 떠날 때 도메니코는 자신이 타고 다니던 당나귀 편자와 어금니를 마을에 남기게 되고, 그 이후부터 이 물건들은 마을을 지키는 성 유물이 되었다. 이로 인해 치통을 달래는 수호성인으로 여겨지기도 한다. 또한 산간 마을인 코쿨로의 주민들은 예부터 뱀을 비롯한 파충류를 다루는 데 익숙하다. 도메니코는 파충류들의 맹독으로부터 안전을 지켜 주는 수호성이기 되기도 한다. 따라서 축제가 시작되면 미리 준비된

독 없는 뱀들이 도메니코의 성상에 감긴 채 마을 순회가 이
어진다. 행렬이 끝나면 성상에 올려져 있던 뱀들은 사람들의
두통을 없애기 위한 도구로 머리에 얹어지기도 하고, 마을에
한동안 방사되어 액을 없애는 역할을 하기도 한다.

6. 촛불달리기(Festa dei Ceri)[7]

　시에나의 팔리오와 더불어 이탈리아에서 가장 유명한 민속
축제가 바로 구비오(Gubbio) 지방의 촛불 달리기 축제다. 매
년 5월 15일에 개최되는 이 축제에서 주인공은 '체리(Ceri)'
라고 불리는 세 개의 목조로 된 촛불상이다. 각각 400kg의
무게와 6m에 달하는 크기의 세 목조상의 맨 위에는 세개의
성상(구비오의 수호성인 성 우발도(Sant'Ubaldo), 용을 무찌른

<hr>

7) 구비오의 촛불달리기 축제에 관련된 자세한 사항은 다음 사이트를 참고하기 바란다.
http://www.ceri.it/ceri/

성 게오르크(Georg), 그리고 가축의 수호신 성 안토니오 아바
테(Sant'Antonio Abate))이 있다.

축제의 준비과정은 다음과 같다. 축제 당일 아침 대성당에
서 체리를 들어 올릴 사람들을 모은다. 미사가 끝나면 선별
된 사람들이 세 개의 성상을 들고 도시를 순회하다가, 좀 떨
어진 광장에서 준비된 성상을 체리위에 고정시킨다. 두 시간
정도 체리를 들고 거리를 돌아다니다가, 주교의 행렬로부터
축복 의식을 받은 뒤 촛불달리기, 즉 체리를 들고 달리는 경
주가 시작된다. 처음 성상을 들고 출발한 대성당까지 전속력
으로 올라야 하다. 체리의 무게와 크기를 가늠해 볼 때 쉽지
않은 경기지만 참가자들의 땀과 열정으로 인해, 구비오의 축
제는 이탈리아의 열정을 대변하는 전통적인 축제임을 보여
준다.

7. 인피오라타(Infiorata)[8]

인피오라타는 매년 6월 초에 열리는 꽃 축제다. '꽃으로
장식하다'라는 의미가 인피오라타다. 성당으로 가는 길 위에
여러 종교적 그림이 꽃으로 그려진다. 1625년 6월 29일 교
황 우르바노 8세가 코르푸스 도미니(Corpus Domini)의 축일을 기

---

8) 젠차노의 인피오라타 축제에 관련된 자세한 사항은 다음 사이트를 참고하기 바란다.
http://www.infiorata.it/home.html

념하여 바티칸 교회의 바
닥을 꽃으로 덮어 버린 데
서 유래하였다고 전한다.[9]

매년 젠차노의 꽃 축제
에 소비되는 꽃의 양은 수
십 톤에 이르며, 총 250m
길이의 거리가 꽃으로 채
워지면 사람들의 행렬이
꽃 위를 밟고 지나간다.

8. 칼치오 스토리코(Calcio Storico)

피렌체 고대 축구의 기원은 16세기로 거슬러 오르며 산타
크로체(Santa Croce) 광장은 이 경기의 요람이다. 오늘날 '피
렌체 축구 경기'나 간단히 '피렌체 축구'로 불린다.

경기의 공식 룰[10]은 1580년 피렌체 공작인 죠반니 데 바
르디(Giovanni de Bardi)에 의해 처음 만들어졌다. 중세 도시
의 네 구역을 상징하는 네 팀은 각각 27명이 한 팀으로 구성
되어 다른 색의 유니폼을 입고 경기를 한다. 즉, 산타 크로체
(Santa Croce) 팀은 푸른색, 산타 마리아 노벨라(Santa Maria

---

9) 두산 백과사전 http://100.naver.com/100.nhn?docid=795334 참고.
10) Bardi, Cosimo. *Discorso sopra il giuoco del calcio fiorentino del Puro
Accademico Alterato.* In Firenze: nella Stamperia de' Giunti, 1580.

Novella) 팀은 붉은색, 산토 스피리토(Santo Spirito) 팀은 흰색, 산 조반니(San Giovanni) 팀은 녹색을 착용하며, 두 팀씩 50분간 경기가 이어진다. 선수들은 손과 발을 다 사용할 수 있으며, 승리한 팀은 흰 송아지를 부상으로 받게 된다.

피렌체 축제는 수백 년 동안 자취를 감췄다가 1930년에 다시 부활되었다.[11]

매년 6월 셋째 주 산타 크로체 광장에서 개최되는 이 축제는, 여러 퍼레이드와 선수들의 행렬을 선두로 피렌체 축구가 이어지고, 불꽃놀이로 마무리된다.

9. 일 팔리오(Il Palio)[12]

시에나(Siena)의 팔리오(Palio) 축제는 수백 년 동안 한 번도

---

11) Halpern, J. Balls & Blood, *Sports Illustrated*, Vol.109, No.4, August 4, 2008, p.42.

12) 시에나의 팔리오 축제에 관련된 자세한 사항은 다음 사이트를 참고하기 바란다. http://www.comune.siena.it

중단된 적이 없는 이탈리아 대표 축제이자, 오늘날 전 세계 관광객들이 참여하는 열광의 도가니라 할 수 있다. 지방 자치제가 발달한 이탈리아지만 이 축제는 단순히 시에나라는 한 도시를 대표하는 것이 아니라 이탈리아를 상징하는 중요한 민속 축제다.

매년 7월 2일과 8월 16일 이탈리아에서 가장 잘 보존된 중세 도시 시에나에서는 팔리오 경기로 인해 과거로 돌아가 흥분에 빠져든다.

팔리오의 기원은 시에나의 역사에서 기인한다. 로마와 피렌체 사이에 위치한 시에나는 중세 때 독립공화국이었는데, 수백 년 동안 경쟁관계에 놓여 있던 피렌체와 끊임없는 싸움을 벌여 왔다. 1260년 몬타페르티 전투에서 승리하면서 번영을 맞았으나 결국 피렌체의 공격으로 16세기 토스카나 공국으로 편입되고 말았다. 이후 시에나는 1729년 여 군주 베아트리체(Beatrice Violante von Bayern)의 칙령으로부터 지금까지 이어지는 17개의 콘트라다(Contrada: 일종의 시구역)로 나뉜다. 오늘날까지 이어지는 이 콘드라다는 단순히 지역을 나누는 것이 아니다. 각 콘드

도시 시에나의 17개의 콘트라다

라다별로 깃발, 헌법, 정부 그리고 상징하는 동물이나 자연(용, 늑대, 거북이, 기린, 조개, 고슴도치, 독수리, 거위, 나비유충, 달팽이, 올빼미, 유니콘, 바다, 표범, 코뿔소, 탑, 산양)이 있어 도시 속의 또 다른 도시를 만들어 가고 있다. 팔리오 축제는 분쟁을 피하고 화합을 기원하는 의미에서 시작되었지만, 시에나의 몬타페르티 전투에서의 승리를 기념하여 과거 영화로웠던 시에나를 기린다는 의미도 담겨 있다. 안장 없는 말을 타고 벌이는 경마대회인 팔리오의 어원은 라틴어 '팔리움, Pallium'에서 비롯된 것으로, 경주 우승자에게 주어지는 직사각형 모양의 깃발에서 파생되었다.

팔리오는 17개 콘트라다 간의 경주지만, 조개 모양의 시청 캄포 광장(Piazza del Campo)에 참여할 수 있는 것은 10개의 콘트라다뿐이다. 나머지 7개는 전년에 뛰지 못했던 콘트라다가 뛰게 되고, 나머지 세 팀은 이전에 참가했던 팀중 추첨을 통해 선별되어 다시 뛰는 행운을 얻는다.

팔리오 본 경기 이전 3, 4일부터 시장의 감독하에, 경기에 참여할 말 10필이 제비뽑기를 통해 각 콘트라다에 배정된다. 기수 선발 역시 말을 선정하는 비슷한 시기에 몇 차례의 시험을 거쳐 이루어진다.

팔리오는 7월과 8월 두 번에 걸쳐 열리지만 시에나인들에게는 일 년 동안의 기대와 희망이 고스란히 담긴 행사다. 팔리오가 열리기 몇 달 전부터 17개의 콘드라다가 주말마다 한 주씩 돌아가며 시가행진을 하고, 자신들의 깃발을 집집마다 내건 주민들은 온통 축제 분위기에 휩싸이기 때문이다.

팔리오 경기 직전 퍼레이드

행사 당일에는 아침 10시경 각 구역의 성당에서 승리를 위한 미사가 집전되며, 오후에 접어들면서 도시 구역의 퍼레이드팀들이 도시 전체를 돌면서 퍼레이드를 시작, 오후 4시부터 경주에 참가하는 10개 콘트라다가 중세 기사 복장을 하고 깃발을 앞세운 채 골목골목을 누비며 화려한 퍼레이드를 펼친다. 퍼레이드 행렬이 오후 5시경에 캄포광장에 도착하면서 팔리오 축제가 본격적으로 시작된다. 각 콘트라다의 기를 앞세운 퍼레이드 행렬이 캄포광장에 도착하면 오전부터 광장에서 기다리던 사람들의 함성은 극에 달한다. 2시간 정도 광장을 돌며 깃발 던지기 시범 등 각종 행사를 벌이던 퍼레이드 행렬이 빠져나가면 곧이어 경기가 시작된다. 10명의 기수가 출발선에 도착하면 캄포광장은 극도의 긴장감에 빠져들게 된다. 경기는 안장 없는 말을 타고 D자형의 캄포광장을 세 바퀴 도는 것으로 보통 90초 정도면 끝이 난다.

팔리오 축제에서 벌어지는 경주의 가장 큰 특징은 '최소한의 룰'이다. 기수와 경주마 간의 몸싸움은 당연시되고 심지어는 상대방의 말에다 채찍질을 가하는 것도 허용된다. 또 기수는 안장 없이 말에 기승하기 때문에 낙마는 흔히 있는 일이며, 기수 없이 말만 결승선에 먼저 들어와도 우승을 인정한다.

　이런 공격성 때문에 경주가 끝난 후, 콘트라다끼리 패싸움이 붙기도 하지만 경찰들은 굳이 말리려 들지 않는다. 경기가 끝난 후의 싸움 또한 팔리오의 오랜 전통이기 때문이다. 경주의 우승자는 비단으로 된 팔리오(기)를 수여받고 영웅 대우를 받는다. 우승자에게는 엄청난 액수의 상금이 주어지면, 패배한 팀에게 우승자가 위로금을 준다.
　이렇게 우승한 콘드라다 시민들은 병에 포도주를 담아 마시며 시가행진을 한다.
　팔리오가 세계적으로 유명해진 것은 그 경기 자체가 아니라 이탈리아 특유의 열정적인 민족성 덕분이다. 몇 달 전부터 축제를 준비하는 모습과 축제가 열리면 서로를 응원하며 열광하는 모습은 지금의 현대 사회에선 찾아보기 힘든 소중한 모습일 것이다. 뜨거운 태양 아래 자신과 콘드라다의 명예를 위해 최선을 다하는 기수들과 이들을 응원하는 시민들이 하나로 어우러져 민속 축제와 가족 축제가 결합된 진정한 이탈리아 축제라 말할 수 있다.

10. 야외 오페라[13]

이탈리아가 자랑하는 세계적으로 유명한 여름 축제 중 하나가 바로 베로나(Verona)의 고대 로마의 원형 야외극장(anfiteatro)에서 열리는 오페라다.

베로나 오페라는 제1차 세계대전이 일어나기 전날 밤인 1913년 8월, 이탈리아의 유명한 테너 죠반니 제나텔로(Giovanni Zenatello)가 베르디의 탄생 100주년을 기념해 베르디의 명곡 8곡을 공연하면서부터 시작되었다. 이후 제1차 세계대전과 제2차 세계대전 기간 10년을 제외하고 축제가 매년 이어졌으며, 제2차 세계대전 이후 야외 오페라는 유럽과 세계 각지로 퍼져 나간다.

---

13) 베로나에서 열리는 야외 오페라에 관련된 자세한 사항은 다음 사이트를 참고하기 바란다.
http://www.arena.it/it－IT/Homeit.html

베르디의 아이다 공연 장면

　　베로나 야외 오페라는 매년 여름철마다 로마(콜로세움)와 나폴리(카푸아의 아레나 극장)에 이어 세계에서 세 번째로 큰 아레나 극장에서 열린다. 이 극장은 A.D. 1세기경에 만들어져 아직까지 원형 그대로 보존되고 있을 뿐 아니라 2만여 명이 넘는 관객을 수용할 수 있는 유명한 곳이다. 축제 시기는 조금의 차이가 있지만 보통 8월 말경에 열린다.

　　아레나 극장은 음향적인 측면에서 보자면 오페라를 위한 최적의 장소라 말할 수 없지만, 고대 로마 건축물이 내뿜는 웅장함과 역사성으로 인해 독특한 매력을 발산하는 곳이라 할 수 있다.

　　공연은 세계적으로 유명한 베르디의 '아이다'와 '나부코', '리골레토' 등을 비롯해 비제의 '카르멘', 푸치니의 '투란도트' 등 인기 있는 작품들이 세계 최대의 오페라 무대를 선보이게 된다.

11. 파르티타 디 스카키(Partita di Scacchi)

이 축제는 이탈리아 베네토(Veneto) 지방의 도시 마로스티카(Marostica)에서 매년 9월에 열리는 일명 '인간 체스 게임'이다. 베네치아나 베로나 같은 유명 관광지에 묻혀 우리나라 사람들에게 잘 알려지지 않은 소도시 마로스티카는 베네토 지방의 숨겨진 보석이라 불리는 곳이다. 이탈리아 옛 도시들이 그러하듯, 마로스티카 역시 성벽으로 둘러싸여 있다. 14세기 후반 지어졌다는 이 성벽 내부 중심에 마을의 상징 카스텔로(Castello), 즉 '성'이 위치한다. 2개의 성이 각각 '카스텔로 인페리오레(Catello inferiore)'와 '카스텔로 수페리오레(Castello superiore)'로 불리며, 하나는 광장 근처에 다른 하나는 산 중턱에 위치해 있다.

카스텔로 인페리오레에 자리한 광장에는 두 가지의 대리석이 바둑모양으로 장식되어 있다. 이곳은 매 짝수 해 9월 둘째 주말 거대한 체스 판으로 변신한다. 체스의 이탈리아어가 바로 '스카키(scacchi)'로, 체스 게임의 말 대신 인간이 직접 의상을 차려입고 체스 판 위에 자리한다.

이 경기의 유래는 예전 마로스티카 영주의 딸을 동시에 사랑한 두 기사가 이 광장에서 스카키 경기를 벌인 데서 출발한다.

12. 레가타 스토리카(Regata Storica)

베네치아에서 개최되는 일명 '곤돌라(Gondola)' 축제다.

매년 9월 첫째 주 일요일에 진행되는 이 축제는, 중세의 전통 의상을 차려입고 독특한 선박을 타고 벌이는 퍼레이드와 각 섬을 대표하는 주민들이 펼치는 행사로 나뉜다. 카니발 못지않게 베네치아인들의 인기를 받고 있는 레가타 스토리카(Regata storica)는, 각 팀이 시민들의 응원에 맞춰 베네치아 중심 수로인 그란데(Grande) 운하를 헤쳐 나가는 도시의 상징이라 할 수 있다. 일 년 동안 여러 번의 예선을 거친 후 결승전이 치러지기에 그들의 삶의 한 부분이라 할 수 있다. 경기는 2명의 조정수로 구성된 9팀으로 이루어진다. 베네치아 동부에 위치한 카스텔로(Castello) 정원에서 경기가 시작되어, 운하를 거쳐 포스카리(Foscari) 궁전에서 마무리된다. 수 많은 작은 배들이 경주를 따라가고 많은 군중이 다리 위에서 경기를 응원한다.

13. 지오스트라 델 사라치노(Giostra del Saracino)

토스카나 지방의 아레초(Arezzo)에서 매년 9월 첫째 주 일요일에 열리는 기마창 시합이다. 십자군 병사들과 이교도 병사들이 싸우는 중세를 환기시키는 이 경기는 8명의 기사가 도시의 네 구역을 대표하여 옷을 갖춰 입은 채 치뤄진다. '포르타 크루치훼라(Porta Crucifera)' 팀은 붉은색과 녹색, '포르타 산탄드레아(Porta Sant'Andrea)' 팀은 흰색과 녹색, '포르타 델 포로(Porta del Foro)' 팀은 노란색과 적색, '포르타 부르지(Porta Burgi)' 팀은 노란색과 파란색을 입고 자신의 구역을 대표한다. 선수들은 낙마되는 것을 피하면서 사라센 모양을 하고 있는 허수아비를 창으로 치면 우승하게 된다. 경기에 이긴 자에게는 금으로 된 창이 부상으로 수여된다.

14. 사그라 델 토르도(Sagra del Tordo)

이 축제는 일명 '지바귀 축제'라고 불린다. 토스카나(Toscana) 지방의 몬탈치노(Montalcino)는 예전부터 지바귀가 많이 서식하던 숲이 울창한 지역이었다. 오래전부터 수많은 야생 조류들이 이동할 때마다 축제가 열렸던 이곳의 전례를 따라, 오늘날에도 매년 10월 마지막 일요일에 지역별로 선발된 궁수들이 활 시합을 하게 된다. 현재 조류 사냥이 금지되어, 이를 대체해서 몬탈치노 적포도주 '브루넬로(Brunello)'를 부은 돼지를 굽게 되었다.

15. 페스타 델라 마돈나 델라 살루테
(Festa della Madonna della Salute)

매년 11월 21일 베네치아에서는 건강을 기원하는 축제가 열린다. 비단 이탈리아에 한정된 축제가 아니라 전 유럽이 함께 즐기는 행사라 할 수 있다. 축제는 베네치아의 산타 마리아 델라 살루테(Santa Maria della Salute) 성당에서 치뤄진다. 본 축제의 기원을 알려면 17세기로 거슬러 올라가야 한다. 당시 베네치아 공화국은 스페인과 연합한 독일군에 대항하여 전쟁을 치르지만, 상대군은 엄청난 역병인 페스트를 가져온다. 만토바(Mantova) 대사의 재빠른 처단으로 일부는 역병을 피해 베네치아에 돌아오지 않고 다른 구역에서 일주일 정도 머물지만, 페스트는 수많은 사망자를 내며 급속도로 빠르게 퍼져 나간다. 산타 마리아 델라 살루테 성당을 지어 역병을 없애고 사망자를 줄여 달라고 기원하며, 산 마르코 광장을 촛불을 들고 돌아다니게 된다. 이후 우연인지 페스트의 위협은 조금씩 수그러들기 시작한다.

이 축제는 당시 유행하던 페스트를 기억하고 건강을 돌보자는 의미에서 생겨나, 매 11월 21일이 되면 수많은 사람들이 성당에 들러 기도를 올리고 산 마르코 광장으로 촛불을 들고 가 거닌다.

16. 나탈레(Natale)

여느 가톨릭 국가와 마찬가지로, 이탈리아에서도 12월 24일 모든 교회에서 미사가 진행된다. 이날 사람들은 가족이 모여 성대한 음식을 나눠 먹는 성찬의 날이라 생각한다. 이탈리아에서도 크리스마스 전야를 즐기며 트리를 장식하기는 하지만 그들에게 크리스마스의 상징물은 '일 프레세페 Il presepe'라 불리는 구유상이라 할 수 있다. 이는 북유럽에서 서식하는 소나무가 이탈리아에는 많지 않기에 나무를 장식하는 전통이 약하다는 설도 있지만, 베들레헴의 마구간을 모사하는 구유의 예수상을 구현했다는 것이 보다 설득력 있는 이유라 할 수 있겠다. 특히 중세부터 오늘

날까지 이어지는 나폴리의 거대한 구유 재현은 이탈리아식 구유의 예수상 원조를 보여 준다.

나탈레(크리스마스)는 가족이 모일 수 있는 소중한 기회 중 하나로, 25일 점심부터 26일 오후 5시까지 적지 않은 양의 음식과 와인(비노, vino), 샴페인(스푸만테, spumante), 커피, 과자(돌체, dolce), 과일 등을 먹으며 보낸다. 온 가족이 모여 2시간 정도 본요리를 먹고 나면 파네토네(Panettone)나 판도로(pandoro)를 샴페인(spumante)과 함께 후식으로 먹는다.

우리가 크리스마스 날 주로 주고받는 선물은 보통 공현절이라 불리는 1월 6일에 볼 수 있다. 성 니콜라우스(산타클로스 명칭의 기원) 대신 '베파나(Befana)'라 불리는 마녀가 굴뚝을 통해 집으로 들어와 선물을 넣어 둔다.

파네토네(Panetone)

참고문헌

김춘식 · 남치호, 『세계 축제경영』, 김영사, 2002.

율리히 쿤 하인 저, 『유럽의 축제』, 심희섭 역, 컬처라인, 2001.

허용선, 『환희와 열정의 지구촌 축제기행』, 예담, 2003.

Storti Edizioni, *Carnival of Venice*, 1999.

Halpern, J. Balls & Blood, *Sports Illustrated*. Vol.109, No.4, August 4, 2008.

Bardi, Cosimo. *Discorso sopra il giuoco del calcio fiorentino del Puro Accademico Alterato*. In Firenze: nella Stamperia de' Giunti, 1580.

http://www.arena.it/it − IT/Homeit.html

http://www.carnevalediivrea.it/

http://www.carnevalevenezia.com/

http://www.ceri.it/ceri/

http://www.comune.siena.it

http://www.infiorata.it/home.html

http://www.viareggio.ilcarnevale.com/

http://100.naver.com/100.nhn?docid＝795334

터키의 축제 '야을르 규레쉬(Yağlı Güreş)'

우덕찬*

　인류는 동서고금을 막론하고 어느 시대, 어느 지역에서나 축제를 행해 왔는데, 현존자료에 따르면 인류는 이미 구석기 시대부터 축제를 알고 즐겨 왔던 것으로 보인다. 프랑스의 한 동굴벽화는 동식물의 풍요와 관련하여 어떤 성스러운 힘이나 존재에 대한 인식을 갖고 축제성의 의례를 행하였을 것을 짐작게 한다. 오늘날 21세기의 구석기 문화라고 지칭되고 있는 오스트레일리아 및 뉴기니 원주민 사회에서도 다양한 의례를 포함한 축제가 베풀어지고 있다. 이런 측면에서 볼 때, 우리 인류는 원래 축제인으로 태어났다고 해도 과언이 아닐 것이다.

　흔히 살아 있는 문명의 박물관, 혹은 다양한 민족의 전시장이라 부르는 터키에서도 그 역사적·지역적 특성으로 인해 여러 형태의 축제가 행해지고 있다. 터키에서 행해지고

* 부산외국어대학교 중앙아시아어과 교수

있는 축제들은 다음과 같이 크게 네 가지로 대별해 볼 수 있
다. 첫 번째는 터키 국민의 98% 이상이 무슬림이라는 종교
적 배경에서 비롯된 축제이다. 이는 우리의 명절에 해당하는
축제로서 '셰케르 바이라므(Şeker bayramı)'[1]와 '쿠르반 바이
라므(Kurban bayramı)'[2] 같은 종교적 명절이다. 두 번째는 딸
기 축제, 튤립 축제 등과 같은 공동체 생산과 관련된 축제이
고, 세 번째는 역사적 인물이나 인품이 높았던 이슬람 성자
를 중심으로 종파와 지역차이에 따른 특정한 숭배양식과 의
례가 축제로 이어지는 경우이다. 터키 중부지방 콘야(Konya)
에서 매년 12월 개최되는 '메블라나(Mevlana) 축제'[3]가 그
예이다. 마지막 네 번째는 한 지방의 시간과 공간적 배경에
서 자연스럽게 형성되어 역사성과 독특한 의례의 기능으로
지방 공동체의 재통합과 일체감의 확인에 기여하는 향토 축
제이다. 이러한 향토 축제의 전형은 '크르크프나르(Kırkpınar)'
의 '야을르 규레쉬(Yağlı Güreş)'로서 그 독특한 경기방식과
공동체를 결속시켜 애향심을 고취시킨다는 측면에서 비단 터
키뿐만 아니라 유럽에서도 잘 알려져 있다. 특히 야을르 규
레쉬는 우리의 전통 씨름과 비슷해서 우리에게도 시사하는
바가 크다. 따라서 본고에서는 터키의 향토 축제 중 '크르크

---

1) 우리말로 '설탕 축제'를 의미한다. 이슬람력 9월의 라마단 금식기간이 끝난 후 1주간
   의 명절을 지칭한다. 이 기간에 사탕을 나누어 먹는다.
2) 우리말로 '희생 축제'를 의미한다. 주로 양이나 소를 잡아 나누어 먹는데 셰케르 바
   이라므 후 70일 되는 날이다.
3) 이 축제는 터키 중부의 콘야 시에서 매년 12월 첫째 주에 행해지는데 중세 셀주크투
   르크 시대의 위대한 시인이며 신비주의(수피) 사상가였던 메블라나 젤랄레딘 루미
   (Mevlana Jelâleddin al-Rumi)를 추앙하는 축제이다.

프나르(Kırkpınar)'의 '야을르 규레쉬(Yağlı Güreş) 축제'에
대해서 살펴보고자 한다.

야을르 규레쉬 경기모습

1. 축제의 유래

‘야을르 규레쉬(Yağlı Güreş)’[4]는 일명 올리브 레슬링이라고도 부르는 터키의 대표적 향토 축제 중의 하나로서 ‘트라키아(Trakiya)’[5] 지역의 도시 ‘에디르네(Edirne)’[6]의 크르크프나르(Kırkpınar)에서 매년 개최되는 향토 축제이다. 통상적으로 매년 6월 말에서 7월 초까지 약 1주일간에 걸쳐 개최된다. 이 축제는 1362년 이래로 매년 개최되고 있는데 약 650년의 유구한 역사를 가지고 있다.

‘야을르 규레쉬’의 역사는 고대 페르시아제국기로 거슬러 올라간다. 페르시아의 시성 ‘피르다우시(Firdowsi: 934~1020)’가 남긴 역사서 ‘샤나메(Shahname: 왕서)’에 따르면 이미 고대 페르시아에서도 성행했다고 전하고 있다. 하지만 터키식 ‘야을르 규레쉬’의 역사는 오스만제국[7]의 ‘술탄 오르한 1

---

4) 규레쉬(Güreş)는 터키어로 레슬링을 의미하며 우즈벡어로는 쿠라쉬(Kurash), 투바어로는 쿠레쉬(Khuresh) 그리고 타타르어로는 쾌래쉬(Köräş)라고도 부른다.

5) 터키는 아시아지역과 유럽지역 두 지역으로 구성되어 있다. 아시아지역은 터키어로 아나돌루(Anadolu: 영어로 Anatolia), 유럽지역은 트라키아(Trakiya: 영어로 Thrace)라고 부른다.

6) 오스만제국기에 이 도시는 아드리아노플(Adrianople)이라고 불리었다.

7) 오스만제국(오스만 터키어: دولت علیه عثمانیه Devlet‒i Aliye‒yi Osmâniyye, 터키어: Osmanlı İmparatorluğu)은 오스만 가문을 왕가로 하여, 현재 터키의 최대 도시인 이스탄불을 수도로 정하여 서쪽의 모로코부터 동쪽의 아제르바이잔에 이르러 북쪽의 우크라이나에서 남쪽의 예멘에 이르는 광대한 영역을 지배했던 다민족 제국이다. 아나톨리아(소아시아)의 한구석에서 나온 소군후국으로부터 발전한 이슬람 왕조인 오스만 왕조는 이윽고 동로마 제국 등 남동유럽의 기독교 제국, 맘루크 왕조 등의 서아시아·북아프리카의 이슬람교 제국을 정복하여 지중해 세계의 과반을 차지한 세계 제국인 오스만제국으로 발전하였으나, 18세기 이후 쇠퇴하여 그 영토는 다른 나라에 점령되거나 독립하여 20세기 초반에 마침내 마지막에 남은 영토 아나톨리아로부터 새롭게 건국되어 나온 국민 국가인 터키공화국이 되었다. 서양인이 오스만제국을 오

오스만제국기의 야을르 규레쉬

세'8)(오스만 터키어: اورخان غازى,
터키어: Orhan Ⅰ, 1284~1359)
의 치세로 거슬러 올라간다.

그가 비잔틴제국의 영지였던
트라키야 지역을 공략하는 과정
에서 병사들의 전투체력 양성과
사기 진작을 위한 스포츠로 시작
되었다. 당시 술탄과 그의 장자
'쉴레이만 파샤(Süleyman Pasha)'
그리고 40명의 전사들은 오늘날
의 에디르네 외곽지역의 비잔틴 성채를 정복하게 되었다. 술
탄 오르한 1세는 전쟁의 승리를 기리고 병사들의 사기진작을
위해 40명의 병사들로 하여금 들판에서 온몸에 올리브기름
을 바르고 이 레슬링 경기를 진행시켰다. 경기가 시작된 지
한 시간 반 후에 반이 남았고, 두 시간 후에는 12명이 그리
고 6명, 마지막에는 2명이 남았다. 밤중까지 승패가 갈리지
않자, 일행들은 숙영지로 돌아왔고 남은 두 병사의 경기는
계속되었다. 다음 날 날이 밝자 술탄은 전사들을 데리고 들
판에 나왔다. 하지만 들판에는 그때까지도 두 사람이 껴안고

스만 투르크 내지는 투르크 제국이라고 불렀는데, 이것을 영어식으로 Ottoman
Turks, Turkish Empire라고 표기하게 되었고 한국에서는 이 표현을 그대로 따와 오
스만 투르크, 투르크 제국, 오스만 투르크 제국으로 많이 불렀지만, 현재는 오스만제
국 또는 오스만 왕조라는 표기가 일반적이고 오스만 투르크는 거의 사용되지 않는다.

8) 오스만제국의 제2대 군주이며 초대 군주 오스만 1세의 아들이다. 1326년 아버지의
죽음으로 군후(베이)의 지위를 물려받아 즉위했다. 즉위 후 아버지의 세력 확대 정책
을 물려받아 그해 부르사를 정복하고, 그곳을 오스만제국의 수도로 정했으며 비잔틴
제국 정복에 총력을 기울였던 술탄이다.

있었다. 움직이지 않는 자세로 그대로 굳어 버린 두 전사의 시신을 서로 떼어 놓았을 때, 황량하고 가물었던 들판에서 40개의 물줄기가 솟아 대지를 적셨다고 한다. 그 후 이 들판의 이름은 '크르크프나르(Kırkpınar)'9)라고 불리게 되었고 야을르 규레쉬는 알라의 은총과 지역의 풍요를 비는 에디르네 지역의 향토 축제로 전승, 발전되었으며 이 운동 경기는 터키 전역으로 확산되었다.

2. 축제의 내용

1) 식전행사

경기가 시작되기 전의 주요 식전행사로는 본 게임방식을 원용한 동물들의 레슬링 경기와 오스만 군악대 '메흐테르(Mehter)'10)의 연주가 행해진다. 동물레슬링은 본 경기가 시작되기 하루 전에 개최되는데 황소, 낙타, 말, 개, 닭 등의 각종 동물들이 같은 방식에 따라 무제한 레슬링을 벌인다. 두

---

9) 크르크(kırk)는 터키어로 40을 의미하고 프나르(pınar)는 샘이라는 뜻으로 크르크프나르(Kırkpınar)는 40개의 샘을 의미한다.

10) 오스만터키 제국의 군악대인 메흐테르는 현대 군악대의 원조이자 세계 최초의 군악대라 할 수 있다. 오스만제국의 건국년 1299년에 만들어졌으며 전쟁터에서 군사들과 호흡하면서 음악을 연주하는 군악대의 이미지를 최초로 만들어 냈다. 1923년 터키공화국의 성립과 더불어 그 기능은 사라졌지만 오늘날에는 과거 오스만제국의 황궁인 톱카프궁전 앞에서 전통 군악을 연주하거나 크르크프나르 같은 향토 축제에 초대되어 의전행사에 참여하기도 한다.

마리씩 무작위로 대결시켜 승자끼리의 경기에서 최후의 승자를 가린다. 전통적으로 마을 단위로 기르는 동물들이 분화되어 있기 때문에, 동물레슬링 경기는 각 마을의 힘겨루기 성격을 띤다고도 볼 수 있다. 따라서 마을단위로 단합되어 자신들의 동물들에게 응원을 보낸다. 동물별 챔피언에게는 특별 부상이 주어지고, 챔피언을 한 마을은 전국적으로 유명세를 타기도 한다.

전날의 동물레슬링에 이어 본 경기 준비가 마무리되어 가면 전통군악대인 메흐테르의 연주가 시작된다. 터키에서 '메흐테르'는 각종 향토 축제나 민속 축제에 출연하여 터키 국민들에게 과거 오스만제국의 영광을 회상시켜 줄 뿐만 아니라 축제 분위기를 고조시키는 역할을 한다. 오스만제국의 근위병인 '예니체리(Yeniçeri)'[11]의 전통의상을 입은 악대가 '다울(Davul: 북)', '주르나(Zurna: 단소)', '보루(Boru: 트럼펫)' 등의 전통악기들을 사용하여 과거 오스만제국의 콘스탄티노플의 공략을 주제로 한 격동적이고도 긴장된 박자의 음률을 연주하면, 관중의 환호 속에 각 지방을 대표하는 1,000여 명의 선수들이 경기장에 입장한다.

---

11) 예니체리는 '새롭다'를 의미하는 터키어 'yeni'와 '군대'를 의미하는 'çeri'의 합성어로서 '새로운 군대'라는 의미를 지닌다. 오스만제국 건국의 공신세력이었던 투르크계 귀족들이 점령지 확대에 따라 급속히 정치세력화되어 가자 이에 위협을 느낀 무라트 1세는 이들에 대한 견제 목적으로 이슬람으로 개종한 비투르크계인들을 중심으로 술탄의 친위부대 성격의 예니체리라는 보병부대를 만들게 되었다.

전통군악대 메흐테르

2) 축제의 꽃 '야을르 규레쉬 경기'

개회식[12] 시작을 알리는 큰 북소리와 더불어 선수들이 입장하여 관중과 인사를 나눈다. 야을르 규레쉬 선수를 터키어로 '페흐리반(Pehlivan)'[13]이라고 부르는데 선수들은 경기장을 돌면서 관중과 인사를 나눈다. 관중은 자기 출신지역 선수가 지나가면 오른손을 입과 이마에 대며 예를 표하면서 터키의 전통 향수인 '콜론야'(Kolonya: 레몬향수)를 선수에게 뿌려준다. 개회식을 마치면 경기가 시작된다. 선수들은 몸무게가

---

12) 개회식에 초청되는 인사는 중앙정부 고위관리, 지방자치단체장, 에디르네 출신 국회의원, 조직위원회 간부, 역대 바쉬페흘리반, 외국공관장, 에디르네 주재 외국인 대표, 주민대표들이 참석한다. 행사주관 단체인 야을르 규레쉬 발전재단(Yağlı Güreş Güçlendirme Vakfı) 대표의 개회선언에 이어, 정부대표(수상 혹은 문화담당 국무장관), 문화부장관, 에디르네시장, 크르크프나르군수, 대회조직위원회대표, 외국공관장대표 그리고 전년도 바쉬페흘리반 등의 축사가 이어진다.

13) 이 단어는 '영웅' 또는 '챔피언'을 의미하는 페르시아어 파흐라반(Pahlavan)에서 유래되었다. 일반적으로 페흐리반들은 자신들의 수제자인 츠락(Çırak)을 키운다. 그가 은퇴하면 수제자가 스승을 대신해 페흐리반으로 활동한다.

경기모습(위)과 페흐리반들의 기념촬영

아닌 보이(boy: 키)에 따라 '바쉬(Baş)급', '바쉬알트(Başaltı) 급', '뷔윅(Büyük)급', '오르타(Orta)급', '데스테(Deste)급' 여러 그룹으로 분류된다.[14] 종종 관중 서비스 차원에서 유년부 경기인 '미닉(Minik)급' 경기가 개최되기도 하는데, 몸무게가

120kg이 넘는 선수는 '바쉬(Baş)급'
에서 경기를 할 수 없다.

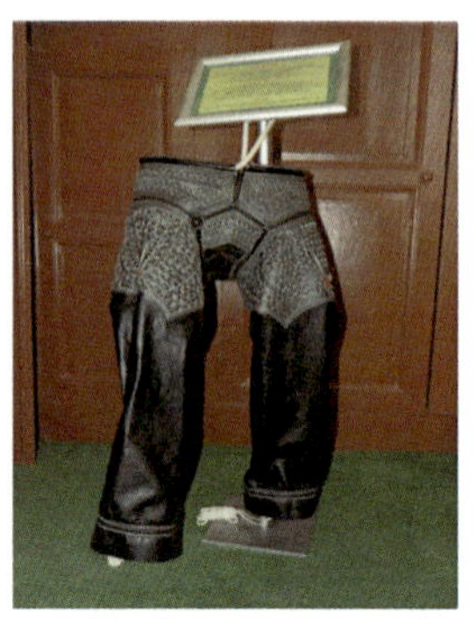

키스펫

모든 선수들은 상체를 드러내 놓
은 채, 물소가죽으로 만든 무릎 아
래까지 내려오는 '키스펫(Kispet)'이
라는 가죽바지를 입고 올리브유를
전신에 바른다. 올리브유를 바르는
이유에 대해서는 여러 가지 설이 있
지만 올리브유는 경기 도중 상처를
최소화하고 작열하는 여름의 태양 아
래서 며칠이고 경기를 하는 선수들의
피부를 보호하는 기능도 있다. 심판
진은 약 200여 명에 달하는 지역 유
지들로 구성되고 일정한 교육을 통해
공정한 진행과 판정기준에 대한 사전
교육을 받게 된다.

올리브유를 바르는 모습

경기가 시작되면 전 선수가 들판에 몰려 그룹에 따라 무작
위로 두 사람씩 경기를 한다. 경기는 온갖 기술과 힘으로 상
대의 어깨를 땅에 닿게 하거나, 상대가 지쳐 쓰러지면 승리
하게 된다. 올림픽 경기 레슬링에서는 운동복을 잡을 경우,
반칙으로 간주되지만 야을르 규레쉬의 경우, 선수가 상대방
의 가죽바지, '키스펫'을 잡는 것이 허용된다. 그러나 '키스

---

14) 통상적으로 야을르 규레쉬는 최중량급 바쉬급에서 경량급 데스테급까지 총 5등급으
　　로 나누어 경기가 진행되지만 경우에 따라서 등급이 더 세분화될 수도 있다.

펫'이 신체에 조여 있어서 잡기가 쉽지 않다. '페흐리반'들은
엄청난 괴력의 소유자들이기 때문에 종종 가죽바지가 찢어지
는 사태도 발생한다. 만일 나이가 적은 사람이 많은 사람을
이겼을 경우, 승자는 패자의 손을 자신의 입과 이마에 맞춤
으로써 연장자에 대해 경의를 표한다. 1975년까지 경기시간
은 무제한이었다. 아침 9시에 시작된 경기가 저녁 해질 때까
지 계속되었고 승부가 나지 않을 경우, 다음 날에 재개되는
경우도 있었다.

1976년부터 경기시간은 40분으로 제한되었고 무승부일 경
우, 7분간 연장전을 해서 승자를 가리게 되었다. 7분간의 연
장전에서는 점수를 먼저 따는 선수가 승리를 하게 되는데,
이때의 점수를 '알튼 푸안(Altın puan: Golden point)'이라고
부른다. 1999년부터 도핑 컨트롤(doping control)도 도입되었
다. 경기는 1회전에서 승리하여 2회전에 오른 선수끼리 다시
경기를 하고, 다시 반을 추려 3회전, 4회전을 치르는 식으로
각 그룹에서 최종 승자가 나올 때까지 계속된다. 각 그룹의
최종승자가 나오면 이들이 서로 경기를 벌여 우리나라의 천
하장사에 해당하는 '바쉬페흐리반'(Başpehlivan)을 뽑게 된다.
통상적으로 최종 결승전은 크르크프나르 축제의 제3일에 치
러지며, 대통령이 직접 참관을 한다. 상대가 지쳐 쓰러지거나
어깨가 땅에 닿아 최종 '바쉬페흐리반'이 탄생하는 순간, 동
시다발적으로 관중이 외치는 함성에 의해 에디르네 시 전체
는 축제의 절정을 경험하게 된다. '바쉬페흐리반'에 대한 시
상은 대통령이 직접 하며 상패와 더불어 상금으로 10만 달

러가 주어진다. 터키 대통령 압둘라 귈(Abdullah Gül)이 직접
참관한 지난 2009년의 대회에서 챔피언은 안탈야(Antalya)
출신 메흐멧 예실(Mehmet Yeşil)이었는데 그는 결승전에서
지난 2007년과 2008년 2년 연속 챔피언이었던 레젭 카라
(Recep Kara)를 물리치고 새로운 '바쉬페흐리반'에 등극했다.
만일 어떤 선수가 삼 년 연속 챔피언에 오르면 14캐럿 다이
아몬드가 박힌 1.5kg의 황금벨트가 부상으로 주어진다.[15] 바
쉬페흐리반이 누릴 수 있는 사회적 혜택은 매우 높다. 우선
그는 터키 국내에서 열리는 모든 야을르 규레쉬 대회에 초청
을 받게 된다. 또한 그는 영원히 '바쉬페흐리반'의 영예를 안
고, 출신고장에서뿐만 아니라 국가적인 영웅으로 당대는 물
론 후손들에게까지 영광스러운 조상으로 기억된다. 또한 원
하기만 한다면 대중적인 인기를 바탕으로 광고모델로 활동할
수 있고, 영화배우로 진출할 수 있는 기회가 주어지기도 하
는데, 실제로 터키에는 '바쉬페흐리반' 출신의 영화배우가 적
지 않다.

　시상식이 끝나면 '메흐테르'에 의한 군무와 전통악기 연주
가 이어지고, 모든 사람들이 들판으로 내려와 손에 손을 잡
고 거대한 원을 이루며 '바쉬페흐리반'의 주위를 돌면서 단
합된 공동체 의식을 다지는데, 중앙에서 참석한 고위관리는
물론 외국인 관광객들도 모두 참여하여 격의 없는 타원의 축

---

15) 과거 오스만제국기의 대표적인 바쉬페흐리반들로는 이브라힘 카바스오울루(İbrahim
　　Kavasoğlu), 카라 삼단즈바쉬(Kara Samdancıbaşı) 그리고 알리조 가드다르
　　(Alico Gaddar)가 유명하다. 특히 알리조 가드다르는 27년간 크르크프나르 대회의
　　바쉬페흘리반으로 군림했다.

제를 마무리한다. 그리고 저녁 예배시간에 맞춰 '이븐 시나(İbn Sina)'가 지은 에디르네의 '셀리미예(Selimiye)' 사원에 모여 합동예배를 올리는 것으로 공식적인 축제의 대단원이 막을 내린다.

3. 축제의 운영과 의의

중앙정부는 축제를 위해 예산을 지원하지 않는다. 다만 축제의 성공적인 결실을 위해 중앙정부의 수상이 명예회장의 역할을 하며 축제에 참여하는 것이 관례로 되어 있다. 대회장은 에디르네 시장이 맡고 있지만 시청 역시 치안, 행정, 의전에 관한 일만 담당한다. 따라서 위의 조직표에서 보듯이 실질

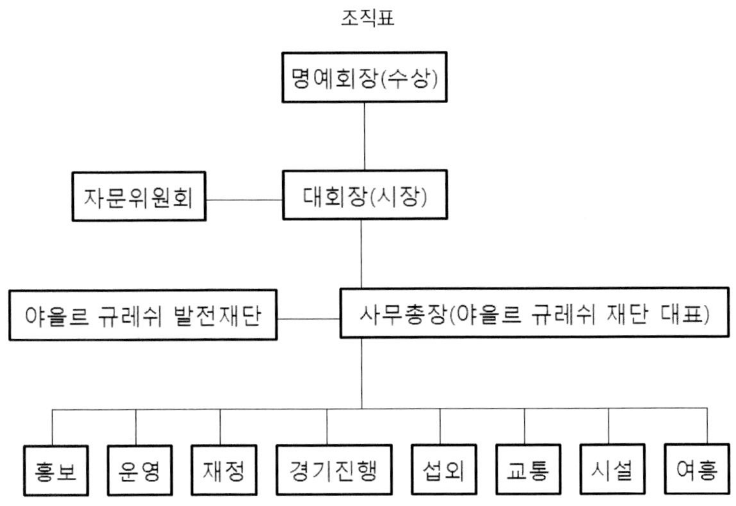

적으로 '야을르 규레쉬 발전재단(Yağlı Güreş Güçlendirme Vakfı)'이 축제를 주관하며 재정 및 운영을 담당한다. 이 재단은 순수 민간법인체로 1960년에 설립된 이후 실제적으로 이 축제를 관장하고 있다. 이사진은 에디르네 출신의 국회의원, 실업가, 학자, 원로 체육인, 지역유지들로 구성된다. 기금은 지방 유지들과 중앙 독지가들의 출연금으로 충당되고 있으며, 행사에 필요한 물품은 기업으로부터 광고협찬을 받게 되는데, 예를 들어 약 2,000벌에 달하는 경기용 가죽바지 '키스펫'과 약 5,000kg에 달하는 올리브유가 기업으로부터 제공된다. 특히 이 축제는 오랜 역사성과 터키 국민들의 큰 관심으로 신문, 텔레비전과 같은 매스 미디어들이 적극 참여하고 있다. 이와는 별도로 시내 곳곳에 현수막을 달고 광고탑을 세우는 등 대대적인 홍보활동을 벌이며 특히 유럽의 외국인 관광객들의 유치를 목적으로 관광성과 해외 주재 대사관에도 홍보자료를 보낸다.

'야을르 규레쉬 발전재단'이 행사비의 상당 부분을 충당하고 있지만 터키어로 '아아(Ağa)'16)라고 부르는 찬조자의 찬조금이 축제진행에 결정적 역할을 한다. 따라서 '바쉬페흐리반'을 뽑는 최종 결승전이 개최되기 전에, 에디르네 시는 차기대회를 찬조할 '아아'를 공모하게 된다. 가장 많은 금액을 제시한 사람이 차기대회의 '아아'가 되며 제1의 스폰서 역할을 하게 된다. 그는 축제참가자들에게 연회를 베풀고 각 체급별 승자에게 메달을 수여한다. 또한 그의 권한은 막강한데

---

16) '아아'는 원래 터키어로 토지를 많이 소유한 지주를 의미한다.

상황에 따라 경기를 중단시킬 수 있고 선수들의 자격을 박탈할 수도 있으며 경기 자체를 취소시킬 수도 있다. 지난 2009년 대회에서는 250,000리라(약 12.0000유로)의 금액을 약정한 트라브존(Trabzon) 출신의 사업가 세이페틴 셀림(Seyfettin Selim)이 차기대회의 '아아'로 결정되었다.

크르크프나르 야을르 규레쉬 향토 축제는 공동체를 결속시킨다는 측면에서 의의를 찾을 수 있다. 터키정부는 장기복역수나 모범적인 그 지방 출신의 죄수들을 정치적인 목적으로 국경일에 사면하는 것이 아니라 축제 기간에 석방함으로써 공동체의 결속과 동참이라는 대중적 분위기를 조성하고 있다. 지방자치단체도 축제의 절정을 이루는 하루를 임시공휴일로 지정하여, 실질적이고 구체적인 화합을 유도하고 있다. 또한 야을르 규레쉬 발전재단을 중심으로 지역민들이 주도하기 때문에 참여도가 매우 높고 종교 축제인 '세케르 바이라므'와 '쿠르반 바이라므' 다음으로 외지로 나갔던 지역민이 귀향하는 계기가 되고 있다. 특히 축제 기간 터키 내의 이스탄불, 앙카라와 같은 대도시나 해외에서 공부를 하거나 직장을 가진 에디르네 출신의 젊은 세대들이 대거 귀향하여, 가족과의 연대는 물론 애향심을 고취시키는 계기가 되고 있다.

이와 더불어 축제 개최로 많은 경제적 파급효과도 따르고 있다. 이 축제는 여름휴가가 시작되는 6월 말에서 7월 초에 개최된다는 고정된 의식과 단순하면서도 약 650년에 걸친 유구한 전통을 가지고 있다는 측면에서 터키 국내는 물론 인근 유럽인들에게도 지속적인 관심을 유도하여 관광객 유치로 인한 관광수입 증대에 기여하고 있다. 이와 더불어 특산물의 상품화와 지방 경제의 활성화에 큰 기여를 하고 있다. 일주일간의 축제 기간에 거대한 옥외시장이 형성되어 전국각지의 특산물이 교환됨은 물론, 에디르네의 수공예와 해바라기 씨 산업, 피혁제품, 농산물 산업이 활기를 맞게 되어 상당량의 거래와 계약이 이 시기에 이루어져 지방경제가 활성화되고 일반 농가의 소득이 증대되는 효과를 가진다. 특히 에디르네의 해바라기 씨 기름과 말린 해바라기 씨는 국제적인 인정을 받아, 500g, 1kg, 2kg, 5kg 단위의 다양한 식용유 포장과 간식용으로 말린 해바라기 씨앗이 선물용이나 수출용으로 판매량이 급증한다.

물론 축제 개최로 인한 여러 부정적 측면들도 지적되고 있다.[17] 하지만 에디르네의 크르크프나르 야을르 규레쉬 향토축제는 다양한 민족과 여러 이슬람 종파의 융합사회인 터키의 특성에 비추어 볼 때, 축제 개최로 매년 정기적으로 교류가 없는 이질적 집단들을 한자리에 모아, 민속 축제라는 공동의 관심사와 에디르네에 대한 애향심을 공통분모로 하여 서로 교류하게 하고, 유대감을 다져 불편한 관계에 있던 여러 집단 간에 적대의식을 희석시키고 사회 안정을 구축하는 중요한 계기가 되고 있다. 우리나라의 경우도 한국적 향토

---

17) 첫째, 일부 외지 상인들로 인해 도박성 오락, 특산품을 가장한 불량상품 등이 범람하고 있다. 둘째, 축제 개최로 발생하는 쓰레기 처리와 관련된 환경오염 대책이 미흡하다. 셋째, 관광객 유치를 위한 숙박시설이 절대적으로 부족하고, 최근 대규모 호텔과 숙박시설이 많이 건축되고 있으나 축제 외 기간에 그 시설에 대한 활용도가 낮아 관광산업이 위축되고 있다. 넷째, 축제 자체가 공동체 결속과 전통문화 계승이라는 분위기에서 점차 상업성이 강해지는 경향이 나타나고 있다.

축제의 정립을 통한 향토 축제들의 활성화를 위한 여러 방안
이 논의되고 있는 것이 작금의 현실이다. 이런 측면에서 볼
때, 터키 에디르네의 크르크프나르 야을르 규레쉬 향토 축제
는 우리에게 시사하는 바가 크다.

이스라엘 축제

신성윤[*]

　지중해지역의 모든 축제에는 그 기원과 연관된 역사적 사건이나 독특한 이야기가 존재한다. 동지중해 이스라엘에서 벌어지는 다양한 축제들에도 여러 배경과 이야기들이 있다. 살펴볼 만한 이스라엘의 축제들이 많지만 지중해 연변의 다른 국가들과는 구별되는 이스라엘 역사에 비추어 이스라엘 민족의 전통명절을 중심으로 나타나는 축제에 초점을 맞추기로 해 보자. 알려진 대로 이스라엘 민족은 나라를 잃고 이천년간 전 세계를 방랑했다. 이스라엘의 중세와 근세 역사는 이스라엘이 아닌 유럽을 중심으로 전개되었다. 이스라엘 땅에서 찾아지는 그들의 흔적은 고대역사에 속한다. 이스라엘 고대역사를 배경으로 지금까지 지켜져 오는 축제가 있을까? 놀랍게도 이스라엘의 고대 명절과 축제는 오늘날도 여전히 지켜진다.

　이스라엘 사람들의 1년 생활은 명절에서 시작하여 명절로

---

* HK연구교수

끝나는 듯이 보인다. 이스라엘 명절의 흥미로운 점은 고대로부터 지켜져 오는 여러 명절들 간에 연속성이 존재한다는 것이다. 명절과 명절이 전혀 다른 배경에서 탄생한 것이 아니라 역사적으로 의미적으로 서로 연결되어 있음을 보게 된다. 여기에서 살펴보고자 하는 것은 이스라엘 사람들의 가장 기본적인 축제라고 할 수 있는 안식일과 1년 중 가장 큰 세 명절이 되는 유월절, 칠칠절, 초막절에 관한 것이다.

1. 안식일

'욤 샤밧' 내지 '샤밧'이라고 불리는 유대인들의 안식일은 매주 금요일 저녁에서 토요일 저녁까지의 하루를 의미한다. 샤밧은 '쉬다'라는 뜻의 히브리어 동사에서 파생되었고 이것의 배경이 되는 것은 천지창조를 다루는 구약성서 창세기 첫 부분이다.

하나님은 모든 일을 마치시고 일곱재 날에 쉬셨다. 이와 같이 하나님은 창조하시던 일을 마친 다음에 일곱째 날에 쉬시고 이날을 축복하여 거룩하게 하셨다(창세기 2:2 – 3).

구약성서에서 하나님은 엿새 만에 천지를 창조하시고 일곱째 되는 날에 그 안식하신 것으로 묘사된다. 안식일은 여기에서 시작된다. 후에 이집트에서 탈출한 이스라엘 민족이 시내 산에서 하나님께 받은 것으로 알려지는 십계명은 안식일을 지킬 것을 명한다.

너희는 안식일을 기억하여 그날을 거룩하게 지켜라. 6일 동안은 열심히 일하고 7일째 되는 날은 너희 하나님 여호와의 안식일이므로 그날에는 아무 일도 하지 말아라. 너희나 너희 자녀들이나 너희 종이나 너희 가축이나 너희 가운데 사는 외국인도 일을 해서는 안 된다. 나 여호와는 6일 동안 하늘과 땅과 바다와 그 가운데 있는 모든 것을 만들고 7일째 되는 날에는 쉬었다. 그러므로 내가 안식일을 축복하고 그날을 거룩하게 하였다(출애굽기 20:8 - 11).

십계명은 크게 하나님께 대한 계명과 인간에게 대한 계명 두 부분으로 나누어지는데 안식일을 지키라는 명령은 하나님에 대한 네 가지 계명 중에 속한다. 구약성서를 포함하여 이스라엘 민족에 관련된 여러 역사기록을 보면 안식일을 지키는 것은 유대인들의 신앙과 삶에 절대적인 부분이었음을 알 수 있다. 안식일을 지키지 않고 일을 했다가 죽음의 징벌을 받은 기록이 모세오경에 언급되며 유대민족의 포로기 이후의 책인 느헤미야서에는 재건된 예루살렘 성문을 안식일에는 닫았다는 언급이 있다. 유대 역사가 요세푸스는 전시 상황에서도 안식일에 신경을 썼던 유대인들에 대한 기록을 남긴다.

유대인들이 안식일을 지키는 것은 그 후에도 계속된다. 고토에서 밀려나 이천 년을 유랑하면서도 그들은 철저히 안식일을 지키기 위해 노력했다. 지금도 매주 금요일 저녁이 가까운 시간이 되면 예루살렘에는 안식일이 곧 시작됨을 알리는 사이렌이 운다. 안식일이 저녁에 시작되는 것은 유대인들의 하루의 개념에 따른 것이다. 하루의 시작은 아침이 아니라 저녁 해가 지면서부터이다. 그 근거가 되는 것 역시 구약 성서의 천지 창조와 관련이 있다.

아침이 되며 저녁이 되는 것이 아니라 저녁이 되며 아침이 된 것에서 유대인들의 하루는 저녁에 해가 떨어지면서 시작된다. 실상 이 전통은 중동문화의 여러 영역에 아직 그대로 남아 있다. 대표적으로 결혼식을 저녁에 하는 것도 이와 연관이 된다. 뿐만 아니라 크리스마스이브를 포함하여 큰 축제의 전야제 행사가 이 개념에서 발전된 것으로 보인다.

금요일이 되면 예루살렘 시내에 있는 '마하네 예후다' 시장은 안식일을 준비하는 장보기에 나선 손님들로 가득 찬다. 오후 해가 기울어지면 시장에는 유대 종교인들이 작은 동 나팔을 시끄러이 불고 다닌다. 안식일이 곧 시작되니 빨리 장보기도 마무리하고 가게도 닫으라고 재촉한다. 이때부터 시장은 더욱 바빠진다. 과일이나 채소의 가격은 급격하게 떨어진다. 안식일이 지나면 시들게 되어 상품성이 떨어지는 것들을 팔아 치우기 위해서 싼값에 내는 것이다. 그리고 이 시간이 예루살렘 도시 빈민들에게는 더 없이 좋은 시간이다. 좀 더 시간이 지나 안식일이 가까워지면 가게 주인들은 아예 물건들을 그냥 가게 앞에 벌여 둔다. 필요한 사람들이 가져가 도록 하는 것이다. 얼마 되지 않는 값에 팔거나 내어 버리는 것보다 이렇게 베풂으로써 가게 주인들은 구제 행위를 하게 되는 것이다. 안식일 장보기는 보통 남자들이 많이 한다. 그 시간에 집에서는 부인들이 안식일을 맞이하기 위한 집 청소 를 한다. 안식일 만찬을 위한 요리도 준비된다. 안식일이 시 작되는 시간은 매주 변한다. 심지어는 이스라엘 도시별로 안 식일이 시작되는 시간과 마치는 시간이 달라진다. 이 시간표 는 매 주말 이스라엘 일간지에 실린다. 이 시간이 다가오면 가정의 구성원들은 각기 안식일을 맞을 채비를 한다. 샤워를 하고 깨끗한 복장으로 갈아입는다. 그러고는 안식일 식사가 준비된 식탁에 모이게 된다. 제일 먼저 하는 안식일 의식은 엄마가 모두가 지켜보는 가운데 안식일이 다가왔음을 알리는 두 개의 촛불을 켜는 일이다. 그리고 나면 안식일 저녁 식사 의 중심은 아버지에게로 옮겨 간다. 식탁의 중심에 자리한 아버지는 식탁 가운데 준비된 두 개의 안식일 빵 '할라'와 포도주를 가지고 '키두쉬' 의식을 하게 된다. 사람이 살아가 는 데 있어서 가장 기본이 되는 먹고 마시는 것의 대표가 되 는 빵과 포도주를 주신 하나님께 감사하는 의식을 하는 것이 다. 먼저 빵을 손에 들고 위를 보며 축사를 한다.

바룩 앗타 아도나이 엘로헤누 멜레크 하올람 함모찌 레헴 민 하아레쯔 땅에서 빵을 주시는 세상의 왕 우리 하나님 여호와 당신은 복되신 분 입니다.

이어서 아버지는 그 빵을 찢어서 한 조각 소금에 찍어 먹으며 주변으로 나머지 빵 덩어리를 돌린다. 빵을 받은 이는 자신도 한 조각 찢어 가지면서 옆으로 빵을 나눈다. 만찬자리에 앉은 모든 이들이 빵을 받고 나면 이번에는 아버지가 포도주 잔을 든다. 그리고 포도주를 주신 하나님께 감사를 드린다.

바룩 앗타 아도나이 엘로헤누 멜레크 하올람 보레 프리 하게펜
포도주를 지으신 세상의 왕 우리 하나님 여호와 당신은 복되신 분입니다.

축사 후 아버지는 포도주 잔의 포도주를 약간 마신다. 그리고 그 잔을 옆에 앉아 있는 이에게 돌린다. 잔을 받은 이는 자신도 포도주를 약간 마시고 옆 사람에게 돌린다. 그렇게 만찬에 참석한 모든 이들이 포도주 잔을 받고 나면 안식일 식사가 본격적으로 시작된다.

안식일 만찬은 이스라엘 사람들의 가장 기본적인 삶의 축제이다. 유대 율법은 아무리 가난해도 안식일 만찬은 성대한 축제이어야 한다고 가르친다. 오랜 기간 이스라엘에서 살았던 필자에게 인상 깊었던 경험은 이 안식일 만찬에 관한 것이다. 처음 알게 된 이스라엘 친구가 어느 날 자기 집 안식일 만찬에 초대했다. 이스라엘을 처음 경험하던 시절이라 모든 것이 새롭던 날들이었다. 그와 함께 찾아간 그의 집은 평범한 가정이었다. 그러나 필자의 앞에 펼쳐진 식탁은 최고급

이었다. 무척이나 깨끗한 식탁보가 그랬고 그 위에 배열된 식기 세트는 최고의 수준이었다. 안식일을 맞이하는 키두쉬 의식 후에 식사가 시작되었다. 그 저녁에 뭘 먹었는지 기억에 없지만 평범한 가정의 토요일 저녁식사치고는 너무나 수준 이상이었다. 그러나 정말 놀라게 된 것은 나중에 그의 아버지가 뭘 하시는 분이신지 알고 난 후였다. 그의 아버지는 청소부였다. 그것도 위에서 언급한 마하네 예후다 시장을 청소하는 분이셨다. 매일 시장이 파하면 그 온갖 쓰레기를 정리하는 것이 그의 직업이었다. 그 안식일의 만찬과 그분의 이미지는 도무지 맞지 않았다. 그러나 그것이 유대인들의 안식일 만찬이었다. 힘들고 고달픈 한 주의 삶의 끝에 한 번도 빠짐없이 돌아오는 샤밧, 그날이 유대인들에게는 진정한 쉼과 충전의 시간이었다. 그리고 그들은 부요하든지 가난하든지 그 안식일의 첫 식사를 최고로 준비하여 매주의 축제로 즐기고 누려 온 것이다.

평일의 식사와는 완전히 구별되는 최고 수준의 안식일 만찬을 매주 돌아오는 작은 축제로 만드는 또 다른 요소는 안식일 식탁을 중심으로 벌어지는 만남과 대화이다. 옛날에는 지금과 달랐겠지만 오늘을 사는 이스라엘 사람들의 일상은 우리 못지않게 바쁘다. 가족 간에 같이 앉아서 식사하는 시간이 점점 줄어든다고 한다. 그러나 안식일 만찬만큼은 식구들 모두가 모인다. 식구들이 모일뿐더러 가능하면 주변 사람들도 함께 초청하여 저녁 시간을 가진다. 부모 자식 간에 격이 없는 대화가 관심을 끄는 모든 주제를 두고 전개된다. 갓

난아이 때부터 경험하게 되는 안식일 만찬의 대화는 부모와 자식 간의 돈독한 유대를 형성하고 이 유대는 자식이 어떤 문제라도 부모에게 다 이야기할 수 있는 대화의 장을 만들어 준다. 유대인들에게는 '이심전심'의 표현이 없어 보인다. 유대인들에게 있어서 관계의 단절이란 서로가 보지 않는 것이 아니라 서로 간에 말을 하지 않는 것을 의미한다. 그들에게 관계란 바로 대화를 의미하며 대화가 존재하는 한 관계는 개선될 수 있다고 여긴다.

안식일은 유대인 자녀들에게 귀한 교육의 장이 되기도 한다. 안식일 만찬 의식 가운데 자녀들은 가정에서 아빠와 엄마의 역할과 책임을 체험적으로 배운다. 아빠가 가정의 머리이지만 엄마의 역할이 존중받는 것을 본다. 안식일을 맞을 때마다 깨끗하게 집을 청소하는 것을 보면서 청결한 삶을 배운다. 안식일을 통해서 술도 배운다. 포도주 잔을 든 아버지가 포도주를 살짝 맛만 보는 정도로 마시는 것을 보면서 그들 역시 포도주에 입만 댄다. 보통 가정에서 사용하는 안식일 포도주도 별로 향도 없고 술맛도 없는 것이다. 포도주는 달짝지근한 것 외에는 별로 맛도 없는 것이며 포도주는 그냥 살짝 입에만 대는 것으로 어릴 때부터 배우는 것이다. 그렇게 자란 이스라엘 청년들은 맥주 한 병을 가지고 밤새도록 홀짝거릴 수 있는 자제력을 가지게 되는 것이다. 이것은 사람이 술에 통제당하는 것이 어리석다는 구약성서의 가르침과 더불어 안식일마다 접한 포도주 마시는 습관이 몸에 밴 것으로 보인다.

유대인들이 매주 지키는 샤밧은 이들의 삶과 사고에 여러 영향을 미친다. 그중에 독특하게 부각되는 부분은 일과 노동에 대한 이해이다. 샤밧에는 일하는 것이 금해진다. 사람들이 직접 일하는 것뿐만 아니라 기계들을 작동시키는 것도 금해진다. 공공시설은 아예 문을 닫지만 어쩔 수 없이 영업이 계속되는 호텔의 경우 엘리베이터는 안식일 모드로 작동한다. 사람이 버튼을 누르지 않아도 자동적으로 문이 닫히고 열린다. 모든 층마다 다 서는 것이 투숙객들에게는 다소 번거롭지만.

'일하다'라는 뜻의 대표적인 히브리어의 동사는 '아바드'인데 이 어근에서 '일'이라는 명사가 만들어진다. 그러나 이 동사에서 '노예'라는 명사도 만들어진다. 그리고 이 동사는 다른 문맥에서는 '숭배하다'라는 뜻으로도 사용이 된다. 곧 '일'이 과도해지면 노예 상황에 빠지는 것이고 그것이 우상숭배가 될 수 있음을 암시한다. 일주일마다 빠짐없이 돌아오는 이 샤밧 때문에 유대인들 가운데는 일에 중독된 사람들이 없어 보

안식일용 엘리베이터 – 모든 층마다 자동으로 정지하여 열리고 닫힌다.

인다. 그들에게는 신앙이 중요하고 가정이 중요하다. 일은 신

앙과 가정을 위한 수단의 차원이다. 더 열심히 일하기 위해서 쉬는 것이 아니라 자신들의 신앙과 가정적인 휴식을 위해서 일하는 것이다.

유대인들로 하여금 자신들의 정체성을 상실하지 않도록 해준 것이 바로 이 안식일 준수였다. 나라를 잃은 채 이천 년간이나 떠돌아다녔지만 그들은 매주 안식일을 지키는 것을 통하여 자신들의 민족적·종교적 정체성을 유지해 온 것이다. 그래서 유대인들은 말한다. 우리가 안식일을 지켰기 때문에 안식일이 우리를 지켰다고.

2. 유월절

매주 돌아오는 작은 축제인 샤밧을 제외하면 유대민족의 최대 축제는 단연 유월절이다. 유대민족의 해방절인 유월절은 몇 가지 면에서 특별하다. 먼저는 세상에서 가장 오래된 축제로 알려진다. 유월절보다 오래된 고대 근동 세계의 축제들이 존재했지만 현재에 이르기까지 지속적으로 지켜져 오는 축제는 없다. 유월절이 언제 어떻게 시작되었는지가 분명하게 알려져 있는 점도 특별하다. '페싸흐'로 불리는 유월절의 시작은 400여 년 동안의 이집트 노예생활에서 탈출한 유대민족의 출애굽 사건을 계기로 시작되었다.

여호와께서 이집트에서 모세와 아론에게 말씀하셨다. "지금부터 너희는 이달을 한 해의 첫 달로 삼고 모든 이스라엘 백성들에게 이달 10일에 각 가족 단위로 어린 양을 한 마리씩 준비하라고 하라. 식구가 너무 적어서 양 한 마리를 다 먹을 수 없으면 사람 수와 한 사람이 먹을 수 있는 양을 계산해서 자기 이웃집과 함께 나눠 먹도록 하라. 너희가 준비할 어린 양은 흠이 없고 1년 된 수컷이어야 하며 양이 없는 집은 양 대신 염소를 준비해도 된다. 너희는 그 양이나 염소를 이달 14일까지 간직해 두었다가 해질 무렵에 모든 양을 잡고 피는 그 양을 먹을 집의 문설주와 상인방에 바르고 그날 밤 그 고기를 불에 구워서 쓴 나물과 누룩을 넣지 않은 빵과 함께 먹어라. 그러나 그 고기를 날것으로 먹거나 물에 삶아 먹어서는 안 되며 머리와 다리를 포함하여 내장이 들어 있는 그대로 불에 구워서 먹어야 한다. 그리고 너희는 그 어느 것도 아침까지 남겨 두어서는 안 되며 만일 아침까지 남은 것이 있으면 불에 태워 버려라. 너희가 그것을 먹을 때는 허리띠를 두르고 신발을 신고 지팡이를 든 채 급히 먹어라. 이것은 나 여호와의 유월절이다"(출애굽기 12:1 - 11)

유대력 니싼월 15일 대보름에 시작되는 유월절은 보통 3월 하순이나 4월 초순경에 돌아온다. 계절적으로 보면 봄의 축제인 셈이다. 보통 기독교의 부활절과 같은 시기에 맞아떨어진다. 예수 그리스도의 십자가 사건과 부활 사건이 유대인들의 유월절 기간에 일어났기 때문이다. 유월절은 명절을 맞이하는 준비와 '세데르'라 불리는 유월절 만찬 그리고 이어지는 7일간의 무교절로 구성된다. 민족 최대의 명절이니만큼 그 준비하는 과정도 분주하고 흥미롭다. 우선 유월절이 다가오면 집집마다 대청소가 시작된다. 집 안 청소의 핵심은 그들의 율법이 규정한 대로 집 안에 누룩을 찾아내어 제거하는 일이다.

너희는 7일 동안 누룩 넣지 않은 빵을 먹어야 하며 그 첫날에 너희 집에서 누룩을 제거해야 한다. 그 7일 동안에 누룩 넣은 빵을 먹는 사람은 이스라엘 백성 가운데서 제거될 것이다(출애굽기 12:15).

그러나 이 율법이 계기가 되어 1년 대청소를 하게 된다. 유월절 집 안 청소는 보통 며칠간에 걸쳐서 조금씩 진행되지만 유월절 전날이 되면 온 집 안을 샅샅이 쓸고 닦는다. 엄마가 한 번 청소를 끝내고 나면 이번에는 아이들이 촛불을 들고 다니며 집 안을 다시 구석구석 검사한다. 집 안에서 발견된 누룩이 들어간 빵들과 과자들 그리고 부스러기들은 모두 모아 집 밖으로 가지고 나간다. 그리고 불장난하듯이 조그만 모닥불을 피우고 그것들을 다 태워 없앤다. 유월절 전날 예루살렘, 특별히 종교인들이 모여 사는 동네에는 진풍경이 연출된다. 동네 마당 곳곳에 불들이 피워지고 빵을 태우는 연기가 오른다. 아이들에게는 신나는 놀이이기도 하다. 집 안 청소와 함께 부인들은 집 안의 모든 그릇들을 가지고 밖으로 나온다. 누룩이 없도록 깨끗하게 닦은 그릇들이지만 최종적으로 한 번 소독하는 절차를 가지는 것이다. 동네 마당 중앙이나 대로변에는 몇 분의 랍비들이 큰 드럼통에 양잿물 같은 것을 끓인다. 집집마다에서 가지고 나온 식기들을 그것에 담갔다가 꺼낸다. 누룩에서 완전하게 소독하는 작업인 셈이다. 집 안 대청소를 하는 유월절은 또 유대인 가정에서 가구나 생활제품을 바꾸는 때가 되기도 한다. 가정에서 몇 년에 한 번씩 가구나 가전제품을 바꾸는 경우에도 보통 유월절을 맞이하여 구입하게 된다. 누룩이 들어간 빵 조각이나 과자 부스러기가 많이 붙어 있는 낡은 소파나 옷장들을 청소하기보다 아예 내다 버리고 새로이 사는 경우도 있다. 거리 곳곳에 내다 버린 가구나 전자제품이 많이 보이는 때가 바로 이때이다. 이스라엘에 유학하는 외국학생들은 이때에 필요한 가구나 전자제품을 얻는 경우도 있고 아랍사람들 가운데는 아예 트럭을 몰고 다니며 물품들을 수거하러 다니기도 한다.

모든 유대인들은 유월절이 시작되는 첫날 '세데르'라 불리는 저녁의 만찬에 참여해야 한다. 유대 율법은 이 시간에 유대인 가정의 만찬 자리에 참여하지 않는 이스라엘 사람들은 그 민족에서 끊어진다고 전한다. 그래서 이날 저녁에는 이스라엘뿐만 아니라 전 세계 어디든 흩어져 있는 모든 유대인들이 세데르에 참여한다. 히말라야를 등정하러 간 이스라엘 젊은이들은 네팔에서 이스라엘 공관이 마련한 유월절 만찬에 모이고 서울에 사는 유대인들은 가정별로 모이든지 아니면 대사관이나 서울에 주재하는 유대 랍비가 주관하는 세데르에 참여한다. 유대인이면 누구나 미리 연락하고 참석할 수 있다.

벌써 수천 년에 걸쳐 매년 해 오는 세데르는 그 순서가 잘 정해져 있다. 그날 저녁의 주 요리는 가정에 따라 변할 수 있지만 보통 유월절에 먹는 음식은 정해져 있다. 일단 유대인들의 주식인 빵이 없다. 그 대신에 '맛짜'라고 불리는 무교병이 준비된다. 누룩 없이 물과 소금으로만 반죽하여 구운 무교병은 우리가 익히 아는 뻥튀기와 비슷하게 생겼다. 하지만 전혀 부드럽지 않고 딱딱하다. 식탁 가운데는 유월절에만 사용하는 쟁반에 담긴 상징적인 음식들이 놓인다. 이집트에서의 노예생활의 고통을 상징하는 쓴나물, 유월절 양을 상징하는 정강이뼈, 삶은 계란, 흙벽돌 쌓는 작업을 연상시키는 하로셋이라 불리는 소스 등이 담기고 그들의 조상이 그 고통 가운데 흘렸던 눈물을 상징하는 소금물도 작은 그릇에 담겨 나온다. 보통 그 가정의 가장이 주도하는 만찬은 '하가다'라고 불리는 책에 나와 있는 순서를 따라서 진행된다. 크게 스페인과 북아프리카 지역으로 흩어진 유대인들인 스파라딤과 독일 및 동유럽으로 흩어졌다가 나중에 북미와 남미로 이주해 간 유대인들인 아쉬케나짐 간의 전통에 미미한 차이가 존재하지만 하가다의 순서와 내용은 거의 같다. 만찬에 참여한 각 사람은 음식에 대한 축사와 기도와 노래와 속담과 이야기로 구성된 하가다를 각기 한 권씩 받는다. 인도자를 따라 같이 읽기도 하고 같이 노래도 하고 손으로 식탁을 치기도 한다. 때로는 일부분을 서로 돌아가면서 읽기도 한다. 천천히 하면 세데르는 네다섯 시간도 걸린다. 아이들이 피곤해하면 중간중간 아버지는 '통과'를 언급하면서 내용을 건너뛰기도 한다. 중요한 것은 네 번 포도주를 함께 따라 마시면서 전식에서 후식까지 이루어지는 이 만찬 순서에 모두가 동참한다는 것이다. 만찬 중간에는 아이들이 '아피코만'이라 불리는 무교병 조각을 찾는 보물찾기 놀이도 있다.

만찬이 진행되어 마지막 부분이 되면 문을 열어 놓는다. 만찬 인도자는 준비한 엘리야의 컵에 포도주를 따라 놓고 함께 '엘리야후 한나비' 엘리야 선지자라는 노래를 부른다. 이 때 모든 사람은 구약성서에서 예언한 대로 엘리야가 집으로 들어와 메시야의 시대가 시작되었다고 선포하기를 기다린다. 메시야의 시대가 올 것이라는 믿음은 유대교를 특정 짓는 사상이다. 메시야의 오심을 미리 예비하게 될 엘리야가 올 때 그동안 풀리지 않았던 많은 율법 문제들의 답이 주어질 것으로 믿기에 유대인들은 회당에도 '키세 엘리야후 – 엘리야의 의자'를 만들어 놓는다. 율법에 관해서 논쟁을 하다가도 답이 없으면 언젠가 올 그 엘리야에게 문제를 떠넘기고 논쟁을 끝낸다. 유월절 만찬의 마지막은 모두가 함께 외치는 표현으로 마무리된다.

"레샤냐 하바아 베예루샬라임(내년에는 예루살렘에서)!"

나라를 잃고 이천 년간 전 세계를 방랑하면서 살았던 유대 민족의 꿈은 예루살렘으로 돌아가는 것이었다. 낯선 이방 땅에서 유월절을 보내 온 그들의 매년 꿈은 내년에는 예루살렘에서 유월절 만찬을 하는 것이었다. 예루살렘에 대한 그들의 간절한 소원의 이스라엘 애국가인 '핫티크봐 – 희망'에서도 잘 표현되고 있다.

콜 오드 바레바브 프니마	마음 깊은 곳에
네페쉬 예후디 호미야	수다스러운 유대인의 정신이 남아 있는 한
울파아테 미즈라흐 카디마	동편을 향하여
아인 레찌욘 쪼피야	눈이 시온을 바라보는 한
오드 로 아브다 티그봐테누	아직도 우리의 희망은 사라지지 않았네

핫티크봐 밧 쉐놋 알파임   이천 년 된 우리의 희망
리히욧 암 호프쉬 베아르쩨누   우리의 땅에서 자유민으로 사는 것
에레쯔 찌욘 뷔루샬라임   시온 땅 예루살렘에서

    유월절 첫날밤이 지나면 이어서 '하그 함마쫏'이라 불리는 무교절이 일주일간 이어진다. 유월절과 무교절 이 기간 보통 이스라엘 학교는 2주 정도 방학을 한다. 유월절 첫날과 마지막 날은 공식적인 휴일이고 '홀 함모에드'라고 불리는 중간의 날들은 보통 반나절 근무를 하지만 크게는 이 기간 전체가 공휴일이라고 볼 수 있다. 이 유월절 동안 이스라엘은 가장 비싼 나라가 된다. 전 세계 흩어진 유대인들이 이스라엘로 몰려들기 때문에 항공편도 가장 비싸지고 예루살렘 주요 호텔들은 부유한 디아스포라 유대인들의 차지가 된다. 이스라엘 사람들에게 쉽지 않은 것은 이 기간 동안 일주일 내내 빵을 먹지 못하고 무교병을 먹어야 한다는 부분이다. 무교병은 그 누가 먹어도 별로 맛이 없는 음식이다. 게다가 발효되지 않은 빵이어서 많이 안 먹어도 속에 들어가서 부풀면 상당한 양이 된다. 온갖 요리 아이디어들이 등장한다. 많이 하는 것 중 하나는 무교병을 갈아서 반죽하여 새알같이 만들고 이것을 치킨 스프에 넣어 수제비처럼 만들어 먹는 것이다. '마락 쿠프타옷'이라고 불리는 이 음식은 꼭 어묵 같은 맛을 낸다. 이렇게 요리하든 저렇게 요리하든 일주일 정도 무교병을 먹고 나면 사람들은 무교병에 질린다. 가장 기본적인 음식의 영역에서 쉽지 않은 경험을 하면서 유대인들은 유월절

을 또 한 번 확실하게 경험하는 것이다. 유월절이 끝나 가면 이스라엘 전역의 빵 공장과 빵 가게들은 밀어닥칠 손님들을 대비한다. 해가 지면서 유월절이 끝나고 몇 시간 후에 빵 가게가 열리면 시민들은 너도나도 그리로 달려간다. 누가 '할레헴 하리숀－첫 번째 빵'을 먼저 먹을지 시합하게 된다.

유월절이 다가올 때마다 발생하는 어려움 중 하나는 누룩이 든 모든 음식을 다 없애야 하는 부분이었다. 필요한 만큼 밀을 찧고 빻아 반죽을 만들고 그것으로 빵도 굽고 과자도 만들어 먹었던 전통사회에서는 문제가 없었지만 공장에서 대규모로 빵을 생산하는 시대가 되면서 어려움이 발생하게 된 것이다. 공장에서 미리 발효시켜 둔 엄청난 분량의 도우나 가정들마다 냉장고에 저장해 둔 빵 반죽들을 다 내다 버려야 하는 것은 큰 손실이다. 슈퍼마켓 진열대마다 잔뜩 쌓인 과자들과 발효 식품들, 나아가 국가 식량 창고에 저장된 막대한 분량의 제분용 밀가루도 율법에 따르자면 다 불태워 없애야 할 누룩들이다. 이 부분에 대하여 유대 랍비들은 율법을 새로이 해석하는 기지를 발휘했다. 유월절 전날 이 물건들의 소유권을 이방인에게 넘기면 그것이 유대인의 소유가 아니게 되므로 율법대로 내다 버리지 않아도 되게 한 것이다. 그래서 매번 유월절이 돌아오면 그 전날 이스라엘 방송에서는 누가 '올해의 이방인'으로 선택되었는지 뉴스로 알린다. 이스라엘 정부가 정부 소유의 모든 누룩제품을 그 사람에게 형식적으로 파는 것이다. 동네 슈퍼마켓에서도 그 가게를 자주 드나드는 이방인 한 사람을 찾아서 그 가게의 모든 누룩 제품

유월절 기간 이스라엘 슈퍼마켓의 모습

의 소유권을 표시하는 서류를 넘겨준다. 그리고 가게 내부에
서는 누룩 관련 상품 진열대를 흰 천으로 덮어서 보이지 않
게 그리고 만지지 못하게 해 놓는다.

가정에서도 때로는 창조적인 방법을 찾는다. 필자가 예루
살렘에 살았을 때 일이다. 이웃에 이란 출신의 유대인 가정
이 살고 있었는데 어느 날 그 집 청년이 한 아름 물건들을
안고 우리 집을 찾아왔다. 유월절 전날이었다. 몇 가지 도우
를 포함 누룩이 들어간 음식물이었는데 당시 250원에 해당
하던 1세겔에 팔고 갔다. 일주일 동안 별로 공간도 없는 우
리 집 냉장고 냉동 칸에 그 집 음식물들을 보관해 주어야 했
다. 그리고 일주일 후에 그는 그 물건들을 되찾아 갔다. 1세
겔은 돌려주지도 않고…….

유월절이 유대인의 삶과 사고에 남긴 영향과 흔적은 무수하다. 대표적으로 유월절은 유대인들에게 이스라엘 민족의 형성을 가져다 준 축제이다. 유월절을 통하여 이집트를 탈출했던 이스라엘 자손들은 시내 산에서 하나님과 언약을 맺으면서 선택받은 백성으로 세워진다. 유대인들을 하나로 묶는 선민으로서의 민족적인 정체성은 유월절을 통하여 시작된 것이다. 그리고 그렇게 시작된 선민사상은 매년 돌아오는 유월절을 통하여 재확인되고 강화되어 온 것이다. 유월절이 유대 민족의 삶에 끼친 또 다른 중요한 전통은 정기적으로 '누룩을 제거하는 전통'이다. '베우르 카메쯔'라고 표현되는 이 전통은 유월절을 맞이하여 집 안의 모든 누룩이 든 음식을 청소해 내는 작업이다. 그러나 이 전통은 또 다른 차원에서 이스라엘 민족의 삶에 적용되어 왔다. 유대인이었던 나사렛 예수는 일찍이 그의 제자들에게 누룩을 조심하라고 가르쳤다. 그가 의미한 누룩은 당시 바리새인들과 사두개인들의 잘못된 교훈과 행위였다. 유월절을 맞아 1년에 한 차례씩 집 안을 대청소하면서 누룩을 제거해 오던 이 전통은 이스라엘 사회 안의 부조리와 악을 정기적으로 대청소해 내는 전통으로 발전해 왔다. 일종의 자발적인 사회 정화 인식이 유대인들의 삶에 확고히 형성된 것이다. 실제로 이스라엘 시민들의 사고에는 자기들 가운데의 악은 뿌리째 뽑아내어야 한다는 의식이 자리 잡고 있다. 자신들이 뽑았던 대통령이든 수상이든 국민의 영웅이었던 군 장성이든 한때 자신들이 찬사를 보냈던 연예인이든 간에 횡령이나 사기나 폭력을 행사한 범죄자로 드러나면 이스라엘 사람들은 그들을 매몰차게 내친다. 그어떤 사회보다 시끄럽고 혼란스럽기도 한 이스라엘 사회지만매년 돌아오는 유월절의 대청소처럼 자연스레 사회가 자정되는 전통이 있어서 유대 민족은 건전하고 건강한 사회를 유지해 왔다. 그렇지 않았다면 유대 사회는 일찌감치 지구상에서사라졌을지 모른다.

3. 칠칠절

'하그 핫샤부옷'이라고 불리는 이스라엘의 칠칠절은 유월절로부터 7주 후에 오는 축제이다. 그래서 칠칠절이라고 번역된다. 이스라엘에서는 하루를 칠칠절로 지키고 이스라엘밖의 유대인 디아스포라에서는 이틀을 명절로 지킨다. 7주를언급하는 것은 첫 유월절 만찬을 경험하며 이집트를 떠난 이스라엘 자손들이 시내 산에 도착하기까지 걸린 시간을 의미한다고 한다. 시내 산에 도착한 이스라엘 자손들은 산 아래에 장막을 치고 머물게 되고 모세는 여호와 하나님을 만나러산 정상으로 올라간다. 그곳에서 모세는 하나님께 율법을 받았다고 알려진다. 40년 후 이스라엘 백성은 이스라엘 땅으로진입하여 정착하고 농사하게 되는데 모세가 시내 산에서 율법을 받은 이 시기는 이스라엘 땅에서 보리 추수를 마무리하는 즈음이고 동시에 밀과 햇과일들이 나오기 시작하는 때였

다. 그래서 '하그 학카찌르' 맥추절로도 불리며(출애굽기
23:16) 초실절로도 불린다(출애굽기 34:22). 옛적에 이 명절
이 오면 유대인들은 새 곡식과 과일을 성전으로 가져와 하나
님께 감사했다.

여러분의 하나님 여호와 앞에 칠칠절을 지키십시오. 그때 여러분은
여러분의 하나님 여호와께서 복을 주신 정도에 따라 자발적으로 예물을
드리십시오. 그리고 여러분의 하나님 여호와께서 예배처로 지정하신 곳
에서 여러분은 여러분의 자녀와 종들과, 여러분의 성에 사는 레위인과
외국인과 고아와 과부와 함께 다 같이 여호와 앞에서 즐거워하십시오.
여러분은 이집트에서 종살이하던 일을 기억하고 이 규정들을 잘 지켜야
합니다(신명기 16:10 - 12).

다른 유대 명절처럼 칠칠절도 빈부를 막론하고 모든 이스
라엘 사람들이 함께 즐거워해야 하는 축제였다. 특별히 이스
라엘 가운데 거류하는 나그네와 더불어 경제력이 없었던 고
아와 과부가 함께 즐거워하는 축제가 되도록 요구하는 율법
내용은 상당히 의미심장하다.

오늘의 유대인들은 칠칠절을 맞으면 다섯 가지를 한다. 칠
칠절 첫날 아침 회당예배에서 '아크다뭇'이라 불리는 찬양시
를 읽고, 우유와 치즈를 많이 먹으며, 룻기 성경을 읽고, 집
안과 회당을 푸르게 장식하며, 밤새도록 율법공부를 한다. 유
대인들이 회당에 모여 함께 룻기 성경을 읽는 것은 이스라엘
초창기를 역사적 배경으로 하는 이방 여인 룻의 이야기가 베
들레헴 지역의 보리 추수와 연결되어 칠칠절 축제의 분위기
와 맞아떨어진 데서 시작되었다고 보인다.

　　오늘날 칠칠절 축제의 모습을 가장 잘 재현하는 곳은 이스라엘의 농촌 지역에 위치하는 키부츠들이다. 지금의 키부츠들은 농사 외에 공장이나 숙박, 레저 시설 같은 다양한 사업을 운영하지만 키부츠의 첫 시작은 이스라엘 땅의 개척이었고 그 중심은 농업이었다. 첫 추수를 감사하는 칠칠절이 자연스레 농사를 짓는 키부츠 사람들에게는 더더욱 의미가 있게 된 것이다. 칠칠절이 오면 키부츠 멤버들은 키부츠 광장이나 들판에 야외무대를 마련한다. 온 멤버들과 초대받은 친인척들이 지켜보는 가운데 성경에 나오는 7가지 햇곡식과 햇과일(밀, 보리, 포도, 석류, 무화과, 올리브, 대추야자) 및 다른 키부츠 농산물을 실은 트랙터들이 아이들을 태우고 퍼레이드를 벌인다. 자신들의 고토로 돌아와 주변 이민족의 방해와 공격에 맞서 싸우며 일구어 낸 땅에서 첫 열매를 내고 기뻐하며 감사하는 그들의 칠칠절 축제는 참 특별해 보인다.

이스라엘 키부츠의 칠칠절 축제 한 장면 – 첫 추수가 끝날 들판에서 키부츠 식구들 간의 다양한 행사가 벌어진다.

유대 종교인들은 한 해 농사의 첫 열매로 인한 감사보다 칠칠절에 그들 조상이 시내 산에서 하나님으로부터 율법을 받은 것으로 인해 더욱 기뻐한다. 대부분의 유대 랍비들은 이날을 칠칠절 당일로 보지만 일부는 칠칠절 다음 날이라고도 주장한다. '마탄 토라 - 토라가 주어짐'이라고 불리는 이 사건은 신약성서에 와서 특별한 의미로 발전한다. 신약성서는 구약의 '샤부옷'을 칠칠절 대신에 오순절로 번역하는데 오순절은 50일째 되는 날을 의미한다. 이천 년 전 칠칠절을 축하하러 예루살렘에 모여든 많은 유대인들 가운데 성령 강림의 사건이 일어난 것이다.

오순절이 되자 그들이 모두 한곳에 모였다. 그런데 갑자기 하늘에서 강한 바람이 세차게 부는 것 같은 소리가 나더니 그들이 앉아 있던 온 집 안을 가득 채웠다. 그리고 혀처럼 생긴 불이 나타나더니 그것이 갈라져 각 사람 위에 와 닿았다. 그러자 그들은 모두 성령이 충만하여 성령께서 주시는 능력으로 그들도 알지 못하는 외국어로 말하기 시작하였다 (사도행전 2:1 - 4).

율법이 주어진 날에 성령이 강림한 이 사건은 신학적으로 심오한 의미를 가진다.

4. 초막절

'숙콧'이라 불리는 이스라엘의 초막절은 유대력 티쉬리월

15일 대보름에 시작하여 일주일간 지키는 명절로 최대 명절인 유월절로부터 정확하게 6개월 후에 돌아온다. 유월절의 달부터 유대력은 다음과 같이 전개된다. 니싼(30일), 이야르(29일), 시봔(30일), 탐무즈(29일), 아브(30일), 엘룰(29일), 티쉬리(30일), 헤쉬봔(29일 또는 30일), 키슬레브(29일 또는 30일), 테베트(29일), 쉐바트(30일), 아다르(29일). 이 명절 역시 그 기원이 유대인들의 성서에 나타난다.

7월 15일부터 7일 동안은 너희가 나 여호와 앞에서 지켜야 할 초막절이다(레위기 23:34).

칠칠절이 첫 열매를 거두는 때라면 초막절은 1년의 농사를 마치고 곡식을 저장하는 때로 보통 우리나라의 추석과 같은 시기에 지켜지는 가을의 감사절이다. 그래서 이 명절은 '하그 하아씨프' 곧 수장절로도 불린다(출애굽기 34:22).

이 기간 이스라엘 학교들은 다 휴교한다. 대부분의 회사나 관공서도 문을 닫거나 반나절 근무를 한다. 자기 집 마당이나 아파트 베란다나 아니면 집 앞 길가에 모두들 나와서 '숙카'라고 불리는 초막을 짓는다. 마치 크리스마스트리를 장식하듯이 초막 안을 장식하기도 한다. 아버지와 함께 초막을 짓고 장식하는 것 자체가 아이들에게는 더 없는 놀이요, 축제가 된다. 구약 레위기(23:40)에 나오는 네 가지 식물 '나무실과와 종려 가지와 무성한 가지와 시내 버들'을 들고 첫째 날은 기도하게 된다. 나무실과로는 '에트로그'라 불리는 레몬과 비슷한 열매를 사용하며 종려 가지는 '룰라브'라고 불리는 대추야자나무의 연한 가지를 선별하여 사용하게 된다.

구약성서는 초막절의 일주일이 끝나는 다음 날 '쉐미니 아쩨레트'라고 불리는 성회를 가질 것을 가르친다(민수기 29:35). 느헤미야서를 보면 실제로 이스라엘 백성들은 칠 일간의 초막절을 지키고 제 팔 일에는 성회로 모였다(8:18). 이 전통의 연속이 되는 것은 오늘날 종교적인 유대인들이 지키는 '심하트 토라'라고 불리는 1년 중 가장 큰 회당 축제이다. 심하트 토라는 '율법의 기쁨'이라는 뜻인데 이날은 유대인들이 1년 동안 나누어 읽어 오던 토라를 끝내는 날이다. 토라라고 불리는 구약의 첫 다섯 권의 책인 모세오경을 1년에 한 번 다 읽도록 매주 읽을 분량으로 나누어 놓은 것을 '파라샤트 샤부아'라고 부르는데 그 마지막 파라샤트 샤부아를 읽는 날이다. 곧 모세오경의 1년 읽기가 끝나는 날이며 동시에 다시 창세기 첫 부분부터 읽기 시작하는 날이다. 토라 두루마리를 회당 율법 궤에서 꺼내서 회당을 일곱 바퀴 돌면 모든 참석자들은 하나님 앞에서 기쁨의 춤을 춘다. 이날 모세오경의 신명기 마지막 부분과 창세기 첫 부분을 읽게 되는 사람들은 영광스러운 존재들이 된다. 이들은 인생에서 최고의 기쁨을 누리는 순간을 가지는 신랑의 신분에 비유되어 불린다. 마지막 부분을 읽는 사람을 '하탄 토라' 첫 부분을 읽는 사람을 '하탄 베레쉿' 곧 율법의 신랑, 창세기의 신랑으로 부른다.

이스라엘 초막절의 흥미로운 부분은 1년의 삶 가운데 가장 풍요로운 계절에 이 명절을 지키도록 한 부분이다. 이 명절 자체가 감사절이기는 하지만 실제 이 명절을 지키는 방식은 정반대의 이미지를 준다. 일주일 동안 집 밖에 초막을 지어 놓고 그곳에서 음식도 먹고 자기도 하면서 명절을 지키는 것이다. 아무리 잘 지어도 그것은 허름한 초막일 뿐이다. 그 의미는 옛날 이스라엘 자손들이 40년간 광야에서 초막에 거했던 그 힘든 시절을 기억하라는 것이다. 배부르고 등이 따뜻할 때에 고난의 옛날을 기억하면서 마음을 낮추라는 것이고 그런 과거를 기억하면서 오늘 약속의 땅에서 풍요를 누리게 하신 하나님께 감사하라는 것이다. 그리고 초막절을 이어 오는 '심하트 토라'는 이제 농한기에 접어드는 계절에 더욱 하나님의 율법을 기억하고 가까이하라는 교훈을 주는 것이다.

선택받은 백성으로서의 정체성을 가지고 있는 이스라엘 사람들이 하나님의 민족으로서 지녀야 할 표시 중 하나는 안식일을 지키는 것이었다. 일주일 중 하루의 시간을 구별하는 것을 통하여 이스라엘 민족은 창조주를 기억하도록 명령받았고 그렇게 살아온 지난 수천 년의 안식일 전통을 이스라엘 시민들은 오늘도 이어 가고 있다. 구약성서에 따르면 유월절, 칠칠절, 초막절은 모든 이스라엘 성인 남자가 예루살렘으로 올라와 하나님께 경배하며 축제하는 명절이었다. 이 명절들 역시 여전히 이스라엘 사람들의 삶 가운데 깊이 자리하고 있음을 본다. 한 번쯤은 직접 참여해 볼 만한 역사적인 동지중해 이스라엘 축제들이다.

쉬아 무슬림 축제

이효분[*]

아랍인들의 축제는 이슬람교와 밀접한 관련이 있으며 종교 행사가 곧 아랍의 축제라 해도 무리가 없을 것이다. 또한 이슬람 종교행사는 인종, 국가의 개념을 떠나 무슬림이라면 누구든 참여하는 축제이자 무슬림들의 의무이기도 하다. 이러한 특수성으로 인해 아랍인들의 축제를 이해하려면 이에 앞서 이슬람이라는 종교에 대한 이해가 있어야 하며 또한 이슬람 역사에 대한 이해가 선행되어야 한다. 따라서 이 글은 쉬아 무슬림 축제에 대한 소개에 앞서 쉬아 무슬림들의 출현과 종파, 무슬림 축제, 이슬람 성지 등에 대해 알아보고 쉬아 무슬림들의 축제를 다루고자 한다.

---

* 협력연구소 공동연구원

1. 쉬아 무슬림

쉬아는 이슬람 종파 중 순니 다음으로 규모가 크며 전 세계 무슬림 인구 중 10% 정도를 차지하고 있고 쉬아 이슬람을 추종하는 신도들을 쉬아파 또는 쉬아 무슬림이라고 한다. 순니와 마찬가지로 쉬아의 이슬람 사상은 코란[1]과 하디스[2]를 바탕으로 한다. 순니와 다른 점은 예언자 무함마드[3]와 그의 후손들을 이맘으로 추대하고[4] 공동체를 지배하는 정신적·정치적 지도자로 섬긴다는 점이다. 쉬아 무슬림들은 무함마드의 사촌이자 사위인 알리만이 예언자 무함마드의 적법한 계승자라고 보고 그를 1대 이맘으로 섬긴다. 따라서 무함마드 사후 칼리프직에 오른 정통칼리프 시대[5]의 3명의 칼리프들을 찬탈자로 여기며 이들의 합법성을 인정하지 않는다. 보다 쉬운 이해를 위해 이슬람 출현 이전 시대인 자힐리야 시대부터 현대에 이르기까지의 이슬람사를 간략하게 도표화하였다.

---

1) 천사 가브리엘을 통해 예언자 무함마드에게 내려진 하나님(알라)의 말씀을 기록한 성서.

2) 예언자 무함마드의 언행록.

3) 쉬아 무슬림들은 예언자 무함마드의 가족을 'Ahl al-Bayt(the People of the House)'로 칭하며 무함마드의 뒤를 이어 칼리프가 될 수 있는 인물은 예언자 무함마드의 혈손만이 가능하다고 주장함.

4) 예언자 무함마드의 사촌이자 사위인 알리 그리고 알리와 예언자의 딸 파티마와의 사이에서 태어난 두 아들 핫산과 후세인의 자식들로 이맘의 지위가 계승된다.

5) 정통칼리프 시대(632~670)는 예언자 무함마드 사후(死後) 칼리프직에 오른 4명의 칼리프 통치 시기를 말하며 1대 칼리프 아부바크르, 2대 오마르, 3대 오스만, 4대 알리이며, 쉬아 무슬림들은 알리 이전의 3명의 칼리프들을 찬탈자로 부르며 칼리프로 인정하지 않는다.

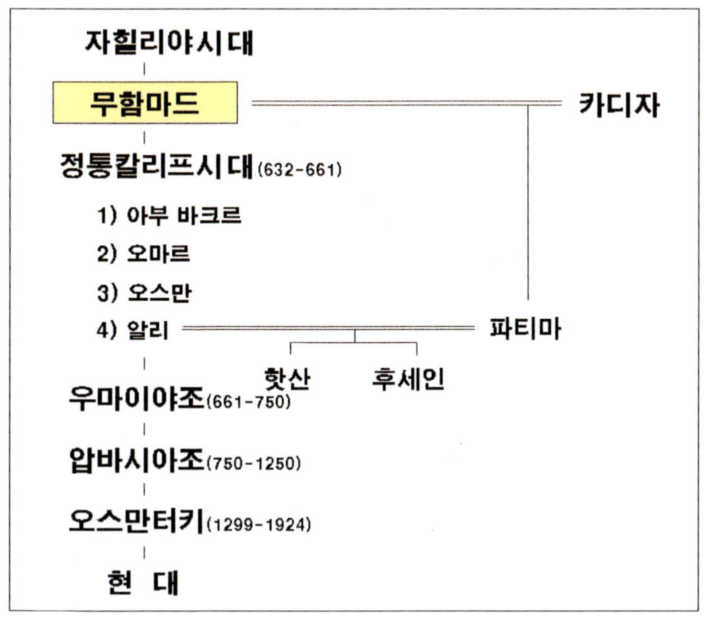

　쉬아 출현의 발단 원인은 "누가 공동체의 지도자로서 예언자 무함마드의 뒤를 계승하느냐" 였다. 순니는 전통에 따라 선거로 칼리프를 선출해야 한다는 것이었고, 쉬아는 예언자의 가족 중에서 칼리프를 선출해야 한다고 주장하였다. 쉬아의 견해에 의하면 예언자 무함마드의 숙부 알 압바스와 사촌동생 알리가 적합한 인물이었다. 특히 알리는 무함마드의 딸 파티마와 결혼한 사위이기도 했다. 무함마드 사후 칼리프직 승계를 둘러싸고 무슬림들이 겪게 되는 이러한 갈등의 직접적 동기는 칼리프 선출에 대한 언급이 없다는 것이다. 코란이나 무함마드의 유언에서 칼리프 승계에 대한 언급이 없었던 점이 무함마드 사후 칼리프직 승계를 둘러싸고 무슬림들간 갈등이 격화되고 결국 순니와 쉬아로 나뉘게 되는 가장 큰 원인이라 할 수 있다. 이외에도 알리와 그의 정적이었던 무아위야 간의 정치적 갈등 그리고 무하지룬[6]과 안사르[7] 간의 갈등도 한 요인으로 볼 수 있다. 쉬아는 이러한 환경 속에서 출현하게 되었고 680년 카르발라 참극을 계기로 순니와 쉬아가 나뉘게 된다.

끼불라(기도방향)

예배장면

쉬아는 크게 3종파로 나뉜다. 현재 가장 큰 쉬아 종파는 열두이맘파이며 일반적으로 쉬아라고 하면 열두이맘파를 의미한다. 열두이맘파는 이란, 이라크, 아제르바이잔, 바레인에 분포되어 있고, 이 지역 외에도 시리아, 레바논, 쿠웨이트, 파키스탄, 인도, 아프가니스탄, 사우디아라비아, 터키, 아랍에미리트 등에 산재해 있다. 쉬아파는 열두이맘파 외에도 이스마일파와 자이드파가 있다.

---

6) 622년 무함마드가 메디나로 이주할 당시 그와 함께 멕카에서 메디나로 이주한 무슬림들을 말함.
7) 무함마드가 메디나로 이주했을 당시 그와 동행자들에게 망명처를 제공한 메디나 원주민들을 말함.

쉬아의 계보와 갈래

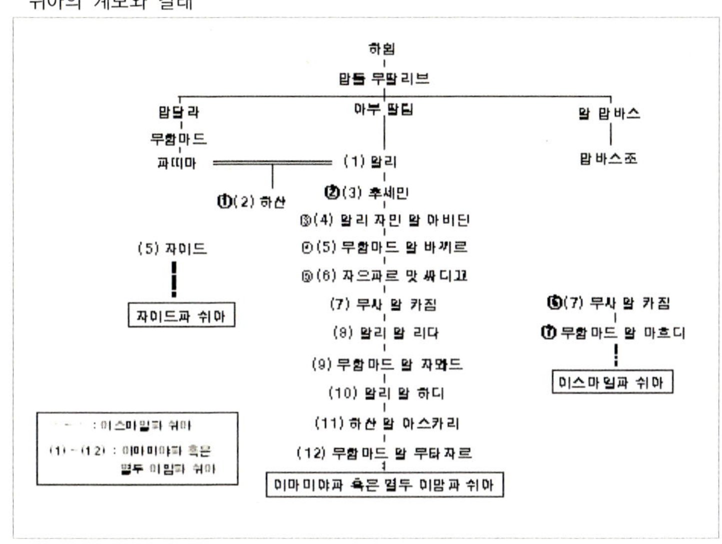

원 중심에 알라, 맨 위에 무함마드 그리고 시계방향으로 알리, 핫산, 후세인, 파티마가 위치해 있다. 쉬아 무슬림에게 가장 중요한 인물들이다.

2. 무슬림 축제

이슬람은 '신의 의지에 복종', '신의 의지에 순종'을 의미하며 이슬람을 믿는 신자를 '무슬림'이라 한다. 따라서 이슬람을 믿는 무슬림들의 축제는 이슬람이란 종교를 바탕으로 이루어지는 종교행사이자 축제이다. 이렇듯 아랍인들의 가장 큰 행사는 바로 이슬람 종교행사이며 이는 또한 아랍인들의 대축제가 되는 것이다.

무슬림들의 축제

축제명	일자(AH[8])	내용	비고
이드 알 피트르 (Eid ul‒Fitr)	10월 1일	라마단[9]이 끝남을 축하함	순니와 쉬아의 축제
이드 알 아드하 (Eid ul‒Adha)	12월 10일	희생제. 성지 순례 후 행함	
밀라드 안 나비 (Milad al‒Nabi)	3월 12일	예언자 무함마드 탄신일. 순니는 3월 12일에, 쉬아는 3월 17일에 행함	
아슈라 / 무하람 애도 (Ashurah / Remembrance of Muharram)	1월 10일	이맘 후세인의 참혹한 죽음을 애도하는 쉬아파의 최대 추모제	쉬아 축제
아르바인 (Arba'een)	2월 20일	이맘 후세인의 가족들이 카르발라에서 시리아까지 가는 여정에서 겪었던 고통을 기념함	
미드 샤으반 (Mid‒Sha'ban)	8월 15일	12대 이맘 무함마드 알 마흐디의 탄신일. 많은 쉬아 무슬림들은 이날 하루 단식함	
이드 알 가디르 (Eid al‒Ghadeer)	12월 18일	예언자 무함마드가 가디르 쿰무에서 행한 마지막 설교를 통해 다수의 무슬림들 앞에서 알리의 이맘 계승을 선포한 일을 축하함	
이드 알 무바힐라 (Eid al‒Mubahila)	12월 24일	예언자 무함마드의 초청에 응한 나즈란 기독교인 60인과 무함마드 가족들과의 만남을 축하함	

---

8) 알 히즈라(Al‒Hijra, AH): 아랍어 '히즈라'는 '이주', '망명'의 의미로 알 히즈라는 이슬람력을 말함. 이슬람력은 무함마드가 멕카에서 메디나로 이주한 622년을 원년으로 한다.

9) 이슬람력 9월을 말하며 무슬림들은 라마단 한 달 동안 금식을 행함.

3. 쉬아 무슬림 축제

아랍 무슬림 국가에서 가장 큰 종교행사이자 축제는 이드 알 피트르와 이드 알 아드하이다. 쉬아 무슬림들도 이 두 행사를 무슬림으로서 지켜야 할 가장 신성한 종교행사로 여기고 있다. 이외에도 쉬아 무슬림들만의 축제로는 아슈라, 아르바인, 미드 샤으반, 이드 알 가디르와 이드 알 무바힐라가 있다. 이 중 쉬아 무슬림들에게 중요한 종교행사는 아슈라와 아르바인이며 그 외의 쉬아 축제들은 이슬람사원에서의 예배나 단식 등이 있는데 경건한 가운데 조용히 이루어지고 있다.

아슈라/무하람 애도

아슈라는 680년 카르발라 참사를 기리는 종교행사이다. 카르발라 참사는 알리의 아들이자 예언자 무함마드의 손자인 후세인이 680년 1월 10일 카르발라에서 야지드 이븐 무아위야의 군대에 의해 무참히 학살된 사건이다. 아슈라는 쉬아 무슬림들이 이맘 후세인이 겪은 고통을 체험하고 그의 참혹한 죽음을 애도하는 쉬아파의 최대 추모제인 것이다. 아슈라는 아랍어로 '열 번째 날'이란 의미이고, '무하람'은 이슬람력 1월을 의미한다. 따라서 축제 명칭 자체가 이맘 후세인이 죽음을 맞은 날인 1월 10일을 뜻한다.

　아슈라 행사는 크게 3가지 형태의 애도 형식, 즉 이맘 후세인의 성지 방문,[10] 마탐(Matam), 타지야(Taziya)이다. 마탐은 체인, 칼이나 채찍 등으로 자신의 신체를 때리거나 불 위를 맨발로 걷는 등과 같이 자신의 육체에 고통을 가해 이맘 후세인이 겪었을 고통을 체험하며 그의 죽음을 애통해하고 그를 지키지 못한 데 대한 죄의식을 표현한다. 타지야는 카르발라 참극의 상황을 연극이나 노래 등으로 연출하고 당시의 상황을 재연해 보며 이맘 후세인의 참혹한 죽음을 되새기고 애도한다.

　순니는 무슬림들의 육체적 가혹 행위를 금하고 있으며, 쉬아 무슬림들의 이러한 애도행사를 곱지 않은 시각으로 보고 있다.

---

10) Ziyarat Imam Husayn Shrine. 아랍어 '지야라트(Ziyarat)'는 '방문'이란 뜻.

아르바인

아슈라에 이어 쉬아 무슬림들에게 중요한 축제이다. '아르바인'은 아랍어로 '40'을 의미하며 아슈라 축제 시작일부터

40일째 날에 이루어지는 종교행사로 이슬람력 2월 20일이다. 680년 1월 10일에 발생한 카르발라 참극은 이맘 후세인과 그의 지지자 72명이 이라크 카르발라에서 야지드군에게 무참히 살해된 사건이다. 이 사건 이후 쉬아가 전격적으로 탄생하게 되었고, 쉬아 무슬림들은 카르발라 참극을 애도하는 아슈라와 아르바인을 쉬아의 최대 축제로 여기며 대대적인 종교행사를 해 왔다. 카르발라 참극 때 살아남은 사람들은 무아위야 군대에 포로로 잡혀 사막을 지나 시리아 다마스커스로 끌려가며 온갖 고초를 겪었고 많은 사람들이 죽음을 맞았다. 아르바인 축제는 카르발라 참극과 살아남은 자들의 고통과 죽음을 애도하는 행사이다. 카르발라 참극은 이맘 후세인의 순교라는 메시지 외에도 '불의에 맞서는 정의'라는 정치적 메시지를 갖게 되었고 이는 쉬아 무슬림들이 우마위야조와 압바시아조에 굴하지 않고 반정부 활동을 하는 데 합법성을 부여해 주었다.

아르바인 축제 때 쉬아 무슬림들은 쉬아의 성지들을 걸어서 순례하게 되며 카르발라는 쉬아 무슬림들의 3대 성지 중의 하나이다. 사담 후세인 통치 시에는 쉬아 축제 때 쉬아 성지들의 순례를 금하였으나 2003년 이라크전쟁 이후 쉬아 성지 순례가 재개되어 쉬아 성지 순례객들이 해마다 증가하고 있다. 2008년 아르바인 축제 때 카르발라의 순례객은 거의 9백만 명에 달했으며, 2009년 아르바인 행사 하루 전 카르발라의 성지 순례객만도 천만 명에 이르렀다.

이맘 후세인 사원에서 거행되는 아르바인 축제

4. 이슬람 성지와 순례

이슬람 성지는 메카, 메디나 그리고 예루살렘이다. 이슬람 성지 순례는 무슬림이 지켜야 할 5가지 의무[11] 중 하나이다. 순니나 쉬아를 떠나 건강과 재정형편이 허락되는 무슬림이라면 적어도 평생에 한 번은 순례를 해야 한다고 코란에 명시되어 있다. 전 세계 무슬림들은 경건한 가운데 라마단을 맞으며 여건이 허락되는 무슬림들은 성지 순례를 행하게 된다. 순례를 위해 무슬림들은 자신의 몸과 마음을 경건하게 지키며 순

---

11) 무슬림들이 지켜야 할 다섯 가지 의무는 신앙증언(샤하다), 예배(쌀라트), 희사(자카트), 단식(싸움), 순례(핫즈)이다.

레를 위한 순례복을 갖춰 입는다. 남성은 재봉되지 않은 두
개의 흰색 천으로 온몸을 감싸고, 여성은 헐겁고 간편하며 온
몸을 가려 주는 각국의 전통의상을 입는다. 순례자들은 순례
기간 성스러운 종교의식을 위해 금기 사항들을 지켜야 한다.
머리카락 자르기, 손발톱 깎기, 향수 바르기, 보석으로 치장하
기, 동식물 등 생명체를 죽이는 일, 싸움, 논쟁, 험담, 이성에
대한 성적인 대화 같은 행위가 금지되며, 성관계도 금한다. 순
례는 이슬람 공동체의 신앙과 통일을 상징하는 성스러운 의식
이다.[12]

이슬람의 주요 사원

| 메카의 하람사원 | 메디나의 예언자사원 | 예루살렘의 알 아끄사사원 |

5. 쉬아 무슬림들의 주요 사원

　모든 무슬림들이 순례를 행하는 성지 순례 외에 쉬아들만

---

12) 손주영, 『이슬람: 교리, 사상, 역사』, 서울: 일조각, 2005.

의 성지도 있다. 쉬아의 성지는 쉬아의 기원을 이루게 되는 알리와 후세인과 밀접한 관계가 있다. 나자프의 알리사원과 카르발라의 후세인 사원이 쉬아 성지 순례지이며 쉬아 무슬림들은 아슈라 축제 때 성지들을 걸어서 순례한다.

쉬아의 주요 사원

나자프의 알리사원

카르발라의 후세인사원

참고문헌

손주영, 『이슬람: 교리, 사상, 역사』, 서울: 일조각, 2005.

______, 『이슬람 칼리파제사: 이슬람 정치사상과 역사』, 서울: 민음사, 1997.

Robinson, Francis, 『케임브리지 이슬람사』, 서울: 시공사, 2002.

Wikipedia ~ http://en.wikipedia.org

이슬람력과 축일들

최재훈[*]

　　이슬람 세계의 축제는 종교적인 의미가 강하다. 이슬람 사회는 종교와 정치가 일치하는 사회로 모든 무슬림들의 일상은 이슬람에 귀의하게 된다. 이슬람적 삶에 위배되는 행동은 이슬람 사회에 동화되지 않은 일탈행위로 간주되곤 한다. 이슬람의 축일은 이슬람 창시 이후 벌어졌던 각종 사건을 기념하기 위한 기념일의 성격을 가지고 있다. 이슬람의 기념일은 이슬람 사회를 통합하는 성격을 지니고 있으며, 무슬림들은 기념일을 통해 가족 또는 이웃과 함께 종교적 열정을 표출하고 있다.

　　이슬람 세계는 태음력을 사용하기 때문에 이슬람의 축일은 매년 달라진다. 이에 이슬람력에 대한 이해가 필요하다.

* HK연구교수

1. 이슬람력

히즈리(hijrī)라고 불리는 이슬람의 역법은 무함마드가 메디나로 이주(히즈라, hijra)한 것을 기원으로 한다. 이는 태양의 주기에 바탕을 둔 율리우스력과 그레고리안 역법과는 달리 달의 주기에 기초를 두고 있다. 이와 같은 태음력은 이슬람 이전의 아랍인은 물론 거의 모든 셈족의 역법으로 사용되었다.

태음력에서의 한 달은 초승달이 관찰된 때로부터 다음 초승달이 관찰될 때까지였다. 그러나 육안으로 관찰되지 않는 경우가 생기자 황도상의 달의 위치 등 천문학적 지식과 수학을 이용하게 되었다. 즉, 초승달의 천문학적 계산에 따라 라마단 기간과 종교 축일의 날짜에 적용하게 된 것이다.

이슬람력 1년은 태음력에 의해 12개 달로 구성되어 있으며 홀수 달은 30일로 짝수 달은 29일로 각각 나뉜다. 간혹 12월은 30일이 되는 해가 있는데 이는 이슬람력 1년이 364일 8시간 48분으로 이루어지기 때문이다. 이에 각 명절들은 매년 대략 10일 정도 빨라지게 되어 36년마다 태양력의 1년을 한 바퀴 돌게 된다. 이런 연유로 이슬람력 9월, 라마단 달은 어느 해에는 여름에, 어느 해에는 겨울철에 오기도 한다.

이슬람 이전에는 태음력과 태양력의 보조를 맞추기 위해 윤달을 넣는 것이 관습이었다. 이러한 윤달의 관행은 이슬람 이후 코란(9: 37)의 계시에 의해 폐지되었다.

"연기된 한 달(al-Nasī')은 불신자의 타락에 의한 불신의 증거이다."

이는 이슬람이 아랍의 전통적 역법에 준 유일한 변화라 할
수 있다.

다음의 표는 이슬람력의 이름과 의미를 나타낸다.

월명	아랍어	음가	의미
1월	محرّم	Muḥarram	신성한 달
2월	صفر	Ṣafar	결여되어 있는 달
3월	ربيع الأوّل	Rabīʿ al-Awwal	첫 번째 봄
4월	ربيع الآخر أو ربيع الثاني	Rabīʿ al-Ākhir Rabīʿ al-Thānī	두 번째 봄
5월	جمادى الأولى	Jumādā al-Ūlā	첫 번째 건조한 달
6월	جمادى الآخرة جمادى الثانية	Jumādā al-Ākhirah Jumādā al-Thānī	두 번째 건조한 달
7월	رجب	Rajab	경외의 달
8월	شعبان	Shaʿbān	분배의 달
9월	رمضان	Ramaḍān	매우 더운 달
10월	شوّال	Shawwāl	사냥의 달
11월	ذو القعدة	Dhū al-Qaʿda	휴식의 달
12월	ذو الحجة	Dhū al-Ḥijja	순례의 달

태양력인 그레고리안력과 이슬람력의 연도를 측정하는 간
단한 방법은 다음과 같다.

$$G = H + 622 - H/33$$
$$H = G - 622 + (G - 622)/32$$

정확한 날짜를 계산하기 위해서는 두 달력의 하루하루에 해당하는 날짜가 적혀 있는 책을 참고하는 것이 정확하다.

2. 이슬람 세계의 종교적 축일

이슬람의 축일은 이슬람의 계시 또는 창시 이후 역사적인 사실과 관련이 되어 있다. 한편 종교적인 축일 외에 계절과 관련된 축일이 있으며, 건국기념일, 독립기념일 그리고 국왕

의 즉위를 기념하는 세속국가체계 내의 정치적 기념일들이
있다.

1) 무하람 Muharram(محرّم)

(1) 무하람달 1일(Ras al-Sana, رأس السنة)

무하람 1일은 이슬람력으로 새해가 시작되는 날이다. 아랍
어로는 Ras al-Sana(해의 머리날)라고 하며 우리나라의 새해
와도 같다. 많은 무슬림들은 새해를 축하하며 새벽기도를 드
리는 것을 적극적으로 권장한다. 젊은이들은 서구문화의 영
향으로 이날을 전후하여 연하장을 돌리기도 한다.

(2) 아슈라

　무하람달 10일을 아슈라(Ashura, عاشوراء)라고 한다. 순니 무슬림들에게 아슈라는 이슬람의 관행인 순나(Sunah)에 따라 자선을 행하는 성스러운 날이다. 유대교의 신성한 종교 축제인 '속죄의 날'에서 유래했으며 예언자 무함마드는 선택 가능한 단식일로 준수했다. 이슬람전승에 의하면 무함마드는 무하람 월 9일과 10일 양일 동안 유대인들과 같이 금식에 참여했다고 한다.

　쉬아 무슬림들에게 있어 아슈라는 특별한 의미를 갖는다. 무함마드의 손자인 후세인 이븐 알리(Husayn ibn Ali)가 680년 카르발라(Kerbala) 전투에서 우마위야조의 칼리파 야지드에게 항거하다가 순교한 날이기 때문이다. 무함마드 사망 후 칼리파 알리의 아들인 이맘 후세인을 유일한 이슬람의 지도자라고 믿고 있기 때문에 아슈라는 쉬아 무슬림들의 최대 종교 행사가 된 것이다.

일부 쉬아 무슬림들은 무하람 9일부터 단식을 시작하며 10일에는 이맘 후세인을 기리는 가두행렬을 시작한다. 가두행령 도중 쉬아 무슬림들은 채찍이나 쇠사슬 또는 맨손으로 자신의 신체를 학대하는 자해행위를 하곤 한다. 이는 이만 후세인을 지키지 못했다는 죄의식의 표현이다. 심지어 도심의 분수에 붉은 물감을 풀어 놓아 후세인 일가가 몰살당한 역사적 사실을 극명하게 강조하기도 한다.

아슈라에는 수많은 쉬아 무슬림들이 카르발라를 순례하기 위해 모여든다. 아슈라를 전후하여 이란에서는 후세인의 비극, 즉 카르발라의 참극을 다룬 수난극이 도처에서 공연된다. 쉬아 무슬림들은 이 수난극을 보며 눈물을 흘리며 후세인의 죽음을 애도한다. 아슈라는 10번째 날이라는 뜻을 가지고 있다.

(3) 무하람달의 기념일

1	무슬림들의 새해기념일
	쉬아 무슬림, 카르발라 전투를 기념하는 무하람 애도 시작
2	제2대 칼리파 오마르(Umar ibn al-Khattab) 순교일
10	아슈라
25	쉬아 이맘 알리 이븐 후세인 순교

2) 사파르, Safar(صفر)

2월은 수피 무슬림들에게는 정신적인 여정을 시작하는 달로 인식되고 있다.

(1) 사파르의 기념일

1	카르발라의 포로들, 시리아의 야지드에게 압송
6	후세인 이븐 알리의 막내딸, 수카이나 수난
7	12 이맘파, Mūsā' al-Kādhim 탄생
9	나흐라완 전투에서 칼리파 알리 승리
13	후세인 이븐 알리의 막내딸, 수카이나 사망
17	12 이맘파, 'Alī al-Ridhā 탄생
20	야슈라로부터 40일이 되는 날로 쉬아 무슬림의 기념일
28	무함마드 사망일, 핫산 이븐 알리 사망일

3) 라비 알 아우왈, Rabi' al-awwal(ربيع الأول)

아랍어로 첫 번째 봄이란 뜻으로 예언자의 탄신일이 있는 달이다.

(1) 마울라드 알 나비(Mawlid an-Nabī, مولد النبي)

이슬람력 세 번째 달인 Rabi' al-awwal에 열리는 예언자 무함마드의 탄생을 축하하는 축일이다. 무슬림들은 일주일 동안 상호간의 우애를 도모하며, 예언자 무함마드의 삶과 의미를 되새기며 시에게 경의를 표한다.

순니 무슬림들은 12일에 무함마드가 탄생하고 있다고 보는 반면 쉬아 무슬림들은 17일 새벽 무함마드가 탄생했다고 보고 있다. 현재 마울리드 행사는 이슬람 국가들에서 널리 기념되고 있는데 위와 같은 연유로 무슬림들은 12일과 17일에 횃불과 녹색기를 들고 기념행렬을 거행한다. 기념일에는 집집마다 과자와 차 등을 나누며 사람에게도 나눠 주기도 한다.

무함마드의 생일은 그가 죽은 날인 이슬람력 3월 12일로 임의적으로 정해졌지만 이날은 13세기까지만 해도 기념되지 않았다.

11세기 말 이집트를 통치하던 시아파 파티마 왕조(4번째 칼리파프인 알리와 무함마드 딸인 파티마 사이에서 난 후손들의 왕조)는 무함마드, 알리, 파티마를 비롯해 당시 제위하고 있던 칼리파의 마울리드를 지켰다.

마울리드 행사는 이슬람 세계에 급속히 확산되었는데 이것은 당시 이슬람교에 개인적 체험을 허용한 수피즘(이슬람 신비주의)에 대한 열기가 높았기 때문이었다. 무함마드의 출생지와 무덤을 단순히 경건한 지역으로만 여기고 순례지로는 생각하지 않는 아라비아 반도에서도 마울리드를 기념했다. 이슬람 국가에 살고 있는 그리스도교도들은 마울리드 축제와 유사한 방법으로 크리스마스를 지내며, 무슬림들도 크리스마스 행사에 참여하기도 한다.

일부 이슬람 신학자들은 이 새로운 축제가 사람들을 죄악으로 몰고 갈 수도 있는 변혁(bid'ah)이라고 비난하며 인정하지 않고 있다. 와하비야와 같은 현대 이슬람 원리주의자들은

아직도 마울리드 행사를 우상숭배라고 비난하고 있다. 그러나 마울리드는 계속해서 지켜지고 있으며 인기 있는 성인들과 수피즘의 창시자들도 마울리드의 대상이 되고 있다.

마울리드 시(詩)들은 무함마드의 삶과 선행을 노래한 것으로 축제 기간뿐 아니라 일상적으로 폭넓게 애창된다.

(2) 라비 알 아우왈의 기념일

8	12 이맘파 Hasan al-'Askarī 사망
12	순니 무슬림, 무함마드 탄신 기념행사
17	쉬아 무슬림, 무함마드 탄신 기념행사, 쉬아 이맘 Ja'far al-Sādiq 탄신일
18	알리의 딸, Umm Khultum bint Ali 탄생
26	무함마드의 숙부, Abu Talib ibn Abdul Muttalib 사망

4) 라비 알 타니 Rabī' al-Thānī(ربيع الثاني)

라비 알 타니란 두 번째 봄이라는 뜻으로 Rabī' al-Ākhir (ربيع الآخر)로도 알려져 있다.

(1) 라비 알 타니의 기념일

8 또는 10	12 이맘파 Hasan al-'Askarī 탄신
10 또는 12	Fātimah al-Ma'sūmah 사망
11	쉬아 무슬림, 무함마드 탄신 기념행사, 쉬아 이맘 Ja'far al-Sādiq 탄신일

5) 주마다 알 아우왈 Jumada al – awwal(جمادى الأول)

주마다 알 아우왈은 이슬람력의 다섯 번째 달이며, Jumada al – Ula라고도 한다. 건조한 첫 번째 달이라는 뜻을 가지고 있다.

(1) 주마다 알 아우왈의 기념일

15	네 번째 쉬아 이맘 Ali ibn Husayn 탄신

6) 주마다 알 타니 Jumada al – Thani(جمادى الثاني)

주마다 알 아키르(جمادى الآخر)라고도 하며 이슬람력으로 6번째 달이다.

(1) 주마다 알 타니의 기념일

3	히즈라 11년 무함마드의 딸 Fatimah 사망
10	알리, 밧스라 전투에서 승리
13	압바스 이븐 알리의 모친, Umm ul – Banin 사망
20	무함마드의 딸, Fatima Zahra 탄생
22	초대 칼리파 아부 바크르 사망

7) 라잡 Rajab(رجب)

라잡은 경외의 달로서, '존경하다'라는 아랍어에서 나온 말이다. 라잡은 성스러운 달로 전투를 벌이지 않는 네 달 중 하나이다. 라잡달에는 무함마드의 라일라트 이스라와 미라즈 (밤의 여행과 승천) 축일이 있다.

(1) 야간여행 Night Journey, Isra and Mi'raj(الإسراء والمعراج)

예언자 무함마드는 메디나로 이주, 즉 히즈라(Hijrah)하기 얼마 전, 후대에 가서 야간여행 또는 승천(al－Miʿrāj)이라 불리게 되는 나들이를 체험하였다. 이 사건에 관한 원래의 설명은 너무나도 간결하다. 따라서 전승(하디스)에 상세한 설명이 첨가되어 있다. 부하리(Bukhārī)의 설명에 따르자면, 어느 날 무함마드가 카바 바로 옆 성지에서 잠을 자고 있는데 가브리엘 천사가 와서 깨우더니, 노새보다는 작고 나귀보다는 큰 부라끄(Burāq)라는 짐승에 태우고 날아 올라갔다고 한다.

무함마드는 가브리엘 천사와 함께 부라끄 등에 올라타고 하늘을 날아 예루살렘으로 갔다. 그곳에서 무함마드는 아브라함, 모세, 예수 등 다른 예언자들과 더불어 솔로몬 사원에서 예배를 올렸다. 솔로몬 사원은 한때 인간과 하나님 사이의 만남의 장소이기도 했던 곳이나 7세기 로마인들이 파괴한 뒤로는 황폐화된 상태로 남아 있었다. 돌멩이 하나도 사람의 손으로 세워 놓은 채로 있을 리 없으리라는 예수의 예언에 따라 그대로 방치해 두었기 때문이다.

그곳에서 무함마드에게 각각 포도주와 우유가 들어 있는 두 개의 그릇을 내놓으며 마시라고 했다. 무함마드가 우유를 선택하자, 가브리엘은 무함마드가 그 자신과 민족을 위해 태초의 길을 선택한 것이라 말했다. 가브리엘에게 이끌려 무함마드는 성전산(Temple Mount) 언덕의 바위에서 하늘로 올라갔다. 이곳은 그 사원에서 가장 신성한 곳이자, 코란에는 '가장 먼 사원(마스지드 알 악싸, al-masjid al-aqṣā)'이라 부른 곳이다. 성전산 전체를 가리키는 코란식 이름을 따라 명명된 마스지드 알 악싸 사원 근처 그 자리에는 오늘날도 바위사원(dome of the Rock)이란 성소가 세워져 있다.

무함마드는 일곱 하늘을 통과해 하나님의 면전까지 승천했다. 일곱 하늘은 비현시를 현시에서 분리시키는 단계들을 상징하는 것이다. 예언자가 승천할 때, 대천사 가브리엘은 각각의 하늘에서마다 천국의 영적인 모습을 취했다. 무함마드와 함께 예배를 올린 예언자들도 마찬가지였다. 하지만 그가 승천 시에 만난 예언자들은 정신적 실재였다(무함마드는 자신에 대해 말하기를 "아담이 아직 물과 흙 사이에 있는 동안에도 나는 예언자였느니라."고 했었다).

승천이 끝나는 정상에는 '최종 한계의 시드르 나무'가 있었다. 이것은 절대신 앞에서의 존재의 한계이다. 코란에서 말하기를 "보라 시드르 나무가 가리어지매 그의 시선은 흩어지지 아니하고 한계를 넘지도 않더라. 실로 그는 가장 위대한 하나님의 예증들을 보았노라"(53:16 – 18)고 하였다.

그곳에서 무함마드는 하나님으로부터 사람들이 매일 50번의 예배를 올려야만 한다는 명령을 받게 되었다. 그러나 무함마드가 땅으로 내려왔을 때, 모세는 예배 횟수를 인간의 능력 범위 안에서 1회 이상으로 줄여 주십사 청하러 되돌아가 달라는 충고를 그에게 해 주었다. 그래서 예배 횟수는 결국 5회로 줄어들었다.

예루살렘에서 메카로 돌아오던 중 예언자는 사막을 건너가는 대상 행렬을 보게 되었다. 아침이 되자 예언자는 지난 밤 사이에 예루살렘을 다녀왔다는 사실을 알렸다. 그러나 꾸라이쉬 부족은 그를 비웃으며 아부 바르크에게 이 사실을 전했다. 하지만 아부 바르크는 반박을 하며 "만일 그분이 그렇게 말씀하신 거라면, 그 말은 사실이다."고 하였다. 그리고 이 말 덕분에 아부 바르크에게는 알 씨딕('신뢰할 만한 이')라는 별칭이 붙었다. 예언자는 꾸라이쉬 부족에게 야간 여행에 대해서는 한마디도 하지 않은 채, 교우들에게만 그 사실을 알렸다. 예언자가 돌아오는 길에서 만났었다고 했던 그 대상 행렬은 메카에 도착을 하여, 그가 한 말을 확인시켜 주었다.

메카에서 예루살렘으로 가는 여행을 이스라라고 하며, 예루살렘에서 하늘나라로 올라간 것을 미라즈라 한다. 이 둘을 합쳐 야간여행이라고 한다. 미라즈 나메라 불리는 이란의 세밀화 책들에서도 이 여행을 자주 그림의 소재로 삼았다. 비록 미라즈의 날짜는 알려져 있지 않지만, '야간 여행과 승천의 밤'이라 부르는 사건을 이슬람 달력으로 라잡(Rajab)월 27

일에 일어난 것으로 여겨 경축하고 있다. 그 사건은 바니 이
스라일 수라의 첫 부분에도 언급이 되어 있다.

하나님의 종을 밤중에 하람 사원에서 악싸 사원으로 밤 하늘여행을
시킨 그분께 영광이 있으소서 그곳은 하나님이 축복을 내린 이웃으로
하나님의 일부 표적들을 보여 주고자 함이라 실로 하나님은 들으시며
지켜보고 계시니라(17:1).

부라끄, 바위 사원(Dome of the Rock), 천국(Heaven), 일곱
번째 하늘(Seventh Heaven) 참조.[1]

(2) 라잡의 기념일

1	쉬아 이맘, Muhammad al-Bāqir 탄신
3	12 이맘파 'Alī al-Naqī 사망
5	12 이맘파 'Alī al-Naqī 탄신
9	'Alī al-Asghar 탄신
10	12 이맘파 Muhammad al-Taqī 탄신
13	초대쉬아 이맘, 'Alī ibn Abī Tālib 탄신
25	카이바르 전투에서 무슬림군 승리
28	1342 A.H.(3 March 1924) 무스타파 케말 아타튀르크, 칼리파제 폐지

8) 샤반 Sha'aban(شعبان)

이슬람력으로 8번째 달로 '분리의 달'로 불린다. 15일에는
믿음의 밤이 있다.

---

1) 김정위, 『이슬람사전』, 서울: 학문사, 2002, pp.463-464.

(1) 라일라트 알 바라아(Laylat al-Barā'ah)

샤반(Sha'bān)달 15일 밤 이슬람 세계 곳곳에서는, 다음 해의 운명이 그날 밤에 정해진다는 믿음에서 여러 가지 종교의례를 벌이게 된다.[2] 다음 해의 운명이 결정되고 죄가 면죄되는 밤이며 열정적인 기도의 날이다. 아랍어에서는 이를 가리켜 <라일라트 알 바라아>(Laylat al-Barā'ah, '면죄의 밤')라 하고, 이란과 인도에서는 <샤비 바라트>(Shab-i Barat)라고 한다.

---

2) 이슬람에서는 일몰이후 그다음 일몰까지를 하루로 치기 때문에 15일의 전날 밤이 신성한 밤이 된다.

(2) 샤반의 기념일

1	Zaynab bint 'Alī 탄신
3	쉬아 이맘 Husayn ibn 'Alī 탄신
4	'Abbās ibn 'Alī 탄신
7	Qāsim ibn Hasan 탄신
11	'Alī al - Akbar 탄신
15	Lailat al - Barā'at(면죄의 밤)
	카이바르 전투에서 무슬림군 승리

9) 라마단 Ramadan(رمضان)

라마단은 이슬람력 9번째 달로 코란이 계시된 달이다. 라마단은 매우 더운 달이라는 의미를 다지고 있다. 무슬림들은 라마단 달 주간에 금식을 하며 가장 중요한 달로 여기고 있다.

라마단이라는 단어는 '엄청난 더위'라는 의미로 이슬람 이전의 태양력에서 생긴 표현이다. 이 기간은 이슬람 이전의 아랍 전통에서도 신성한 달로 여겼고, 휴전을 준수하는 달 중의 하나였다. 라마단 달 동안 단식(Ṣawm Ramadān)을 하는 것은 이슬람 신앙의 다섯 기둥 가운데 하나이다.

단식의 달 라마단은 초승달이 육안으로 볼 수 있을 때 시작된다. 전월(前月) 28일에 초승달이 보이지 않는다면, 전월은 단식의 시작을 라마단 달의 시작과 일치시키기 위해서 29

일이나 30일로 연장된다. 많은 무슬림 국가에서는 터키의 관례를 따라 첫째 날 전야에 대포를 여러 번 발사하며 국민들에게 라마단 달이 시작되었음을 알려 준다. 이달에는 날마다 단식이 시작되고 끝나는 시각을 알릴 때에도 대포를 쏘아 올린다.

라마단 기간에 무슬림들은 지평선 위로 한 줄기 빛이라도 보이는 새벽부터 해가 질 때까지 먹지도 마시지도 않는다. 저녁 예배(마그립(maghrib)를 마친 다음 단식을 중단한 후 식사를 하고, 밤늦은 시간에는 좀 더 성대한 식사를 한다. 흔히 단식을 시작하기 전 이른 새벽에 식사를 하게 되는데, 이것을 수후르(suhūr)라 부른다. 악사들과 외침쟁이들은 새벽에 마을 구석구석을 돌아다니며 소리쳐서 사람들을 깨워 식사를 하라고 알린다. 외침쟁이들은 대개 헌신적 봉사를 목적으로 이 일을 맡는 경우가 더 많다.

매일의 단식은 종교의례로 단식을 수행하려는 의지를 가다듬으면서 시작된다. 어린아이들은 건강을 해치지 않고 단식을 할 수 있을 만큼의 충분한 나이가 될 때까지 점차적으로 단식을 시작한다. 처음에는 반나절 동안 하다가 나중에는 7일간 단식을 한다. 건강이 따라 주지 않는다면 누구도 단식을 강요받지 않으며, 단식이 건강에 위협이 된다면 단식을 중단해야 한다. 임신 중이거나 아이를 기르는 여성은 단식에서 면제된다. 월경 중인 여성들도 단식에서 면제되지만, 그 후 해가 바뀌기 전에 단식을 못 한 일수만큼 채워 주어야만 한다.

장거리 여행자나 3일 이상 계속되는 여행을 하고 있는 사람은 단식에서 제외된다.[3] 건강이나 여행상의 이유로 빠진 단식 일수는 반드시 그해 안에 채워 놓아야만 한다. 만약 단식을 해야 하는 하루하루마다 30명의 가난한 사람들에게 먹을 것을 제공한다면 단식 기간 전체를 면제받는 것도 이론상으로 허용이 되며, 같은 조건하에서 부분적인 면제도 허용이 된다. 하지만 사실상 재력이 있는 사람들은 그 점에 대해 난색을 표명하며, 결코 그것에 의지하려고 하지 않는다. 종교적 단식에 상당한 축복이 따른다는 것을 경험상으로 알고 있기 때문이다. 라마단은 그 자체가 축복을 받은 달이며, 일 년 중에서 하느님의 은혜가 더욱더 가깝게, 더욱 접근하기 쉬워 보이는 때이기 때문이다.

낮 시간 동안 단식을 하는 경우, 무슬림들은 먹지도 마시지도 않음은 물론이고, 성적 쾌락과 음악을 듣는 일을 삼가야 하며, 가능한 한 모든 감각적 즐거움으로부터 멀어져야만 한다. 밤에는 모든 감각적 쾌락이 합법적이 된다. 하지만 축하 잔치를 벌이는 것과 같은 특이한 오락거리들을 라마단 달 동안에 벌여서는 안 된다.

단식의 원칙은 한계의 원칙과 관련이 있다. 한계를 두지 않는 지식은 불가능한 것이다. 왜냐하면 진정한 천성이 분명하게 드러나게 되는 것도 우리가 어떤 일의 끝이나 한계의 경지에 도달하는 때이기 때문이다. 라마단은 무절제의 끝장을 보여 주어서, 한 달 동안 하루하루 모든 일에 분명한 한

____

3) 여행 중의 단식은 금지 사항은 아니다.

계를 느끼게 하는 정신적 교훈이 목적이다. 또한 단식은 깨끗함을 느끼게 하고 일종의 희생심을 심어 주는데, 이것은 나뭇가지를 치는 것처럼 재생을 도와주고 신선한 힘을 주는 것이다. 윤리적 측면에서 보더라도 단식은 배고픈 사람들의 고통을 직접적으로 이해할 수 있는 기회를 마련해 준다.

라마단 달은 음력이기 때문에 일 년 중 오는 시기가 바뀌게 되는데, 어떤 때는 겨울에 오기도 하고 어떤 때는 여름에 오기도 한다. 라마단이 겨울에 오면 좀 수월하고, 여름에 오면 더 큰 희생을 감수해야 한다. 라마단이 갖고 있는 엄숙한 특성에도 불구하고 또 비록 라마단 달에는 향연을 벌이는 것이 금지되어 있긴 하지만, 즐거운 분위기, 심지어는 축제와 같은 분위기가 난다.

코란의 계시는 라마단 달 마지막 열흘 가운데 하루, 즉 이슬람력에서 가장 성스러운 밤인 라일라트 알 까드르(Laylat al－Qadr) 동안 이루어졌다. 라마단 기간에는 각각 20라카아트(raka'at)에서 32라카아트에 달하는 보충 예배 타라위(tarawīh)를 올리게 되는데, 새벽 기도(쑤브흐(subḥ))를 올리기 전 몇 시간 동안이나 밤 예배(이샤('ishā'))를 올리기 전에 하게 한다. 라마단 달 동안은 코란을 집중적으로 읽는다.[4]

---

4) 김정위, 같은 책, pp.259-261.

(1) 라일라트 알 까드르(Laylat al-Qadr, '거룩한 밤 또는 권능의 밤')

코란 전체가 예언자 무함마드의 영혼 속으로 내려오게 된 서기 610년의 밤으로, 라마단(Ramadān) 월말의 열흘 중 하루이다. 이런 이유로 라마단 월말의 열흘은 특히 신성시되고 있다. 가브리엘 천사가 처음으로 예언자에게 말을 걸었던 그 날 밤 코란이 계시되었고, 하나님에 대한 사명을 시작한 시점이다.

97장에서는 이 밤을 가리켜 <권능의 밤>이라 했고 "*천 개월보다 더 훌륭하며 ……아침 동녘까지 머무르며 평안하소서 인사하더라*"고 묘사하고 있다. 예언자가 아끼던 부인 아이샤('Ā'ishah)도 그와 관련하여 <라일라트 알 까드르>를 '예언자의 영혼'이라고 설명하기도 했다. 바꿔 말하면, 예언자는 인간의 형상으로 나온 창조물의 대표이므로, 그 밤은 예언자의 영혼에 해당한다는 것이다. 이는 인간 영혼의 진실한 본성은 하나님의 계시를 받아들일 수 있는 그릇이 된다는 점을 의미하기도 한다.

<권능의 밤>은 라마단월 27일이라는 생각이 지배적이다. 단식하는 달 27일이 마니의 제삿날이기 때문에 마니교에서 이러한 통념이 유래된 것에 틀림없다. 이날의 유래와 27일인지 아닌지 여부에 대한 무슬림의 사료는 전무하다.[5]

---

5) 김정위, 같은 책, p.263.

(2) 라마단의 기념일

2	토라가 모세에게 수여됨
10	무함마드의 첫 번째 부인 카디자 사망
17	무슬림군, 바드르 전투에서 승리
23	쉬아 무슬림, 코란이 무함마드에게 계시
23, 25	순니 무슬림, 라일라트 알 카드르 추정
27, 29	순니 무슬림, 라일라트 알 카드르 추정

10) 샤왈 Shawwāl(شوّال)

샤왈은 이슬람력으로 열 번째 달이다. 샤왈월 1일은 라마단을 끝내는 축제일이 된다.

(1) 이드 알 피뜨르('Īd al‑Fiṭr, عيد الفطر '단식 종료제')

이슬람력에서 이드 알 아드하('Īd al‑Aḍhā) 다음으로 가장 중요한 휴일. 이날은 이슬람력 9월(라마단 달)의 단식이 끝났음을 뜻하는 새로운 달이 뜬 뒤에 온다. 그 향연은 무쌀라(muṣallā, '집단예배')라는 바깥 집단예배 장소에서 공동체가 함께하는 특별한 이드 예배가 특징이다. 대도시에서는 이드 예배가 신자들의 사원에서 이루어지기도 한다. 이때에는 자카트 알 피뜨르(zakāt al‑Fiṭr)라는 특별자선(자카(zakāh))이 베풀어진다. 자카트 알 피뜨르는 전 가족이 내는 일정량의 곡식(혹은 그에 상당하는 가치)이 주를 이루며 가난한 사람들에게 직접 전해진다. 또한 작은 명절('Īd al-Ṣaghīr)로도 불린다. 이드 알 피뜨르('Īd al- Fiṭr)의 축제는 보통 3일 동안 이어진다.

(2) 샤왈의 기념일

1	이드 알 피뜨르
13	순니 무슬림 전통주의자, Muhammad al-Bukhari 탄신
17	무슬림군, 우후드 전투 참가
25	쉬아 이맘, Ja'far as-Sādiq 사망
29	Abu Talib ibn 'Abd al-Muttalib 탄신

11) 두 알 키다 Dhu al - Qi'dah(ذو القعدة)

두 알 키다는 이슬람력 11월이며, 전쟁을 하지 않은 신성한 월 중 하나이다. 그 의미는 휴식 또는 휴전으로 이슬람 이전의 아랍인들도 이달에는 전투를 하지 않았다.

(1) 두 알 키다의 기념일

1	후다이바 평화조약
8	8 A.H.부터 Hajj(순례)가 무슬림들에게 의무가 됨
17	무슬림군, 우후드 전투 참가
25	쉬아 이맘, Ja'far as - Sādiq 사망
29	Abu Talib ibn 'Abd al - Muttalib 탄신

12) 두 알 히자 Dhu al - Ḥijjah(ذو الحجة)

두 알 히자는 이슬람력으로 마지막 달이며 매우 성스러운 달이다. 두 알 히자달에 무슬림들은 메카의 카바 신전으로 순례를 떠나며 순례(Ḥajj حج)는 무슬림의 의무사항이다.

순례는 8, 9, 10번째 날에 수행되며, 희생제, Eid al - Adha (عيد الأضحى)는 13일까지 이어진다.

(1) 순례(Ḥajj ﺞﺣ)

순례에 대한 개념은 다음 세 가지 단어로 표현된다. 하즈(al – Ḥajj), 움라(al – 'Umrah): 지야라(al – Ziyārah).

하즈('규모가 큰 순례')는 종교법에 규정된 순례로서 이슬람의 다섯 기둥 중 하나이자, 일련의 복잡한 종교의식이기도 하다. 하즈를 끝마치기 위해서는 여러 날이 필요하며, 메카의 대사원과 그 인근 지역에서 이슬람력의 특정한 시기에 거행된다. 이슬람력은 음력이기 때문에 그 시기가 매년 십여 일씩 앞당겨진다.

메카로 갈 능력이 있는 사람들(3:97)에게 순례는 의무사항이다. 말하자면 모든 무슬림이 지켜야 할 절대적인 것은 아니지만, 순례를 갈 건강과 자력이 허용되고, 가족들을 향한 책임감을 손상시키지 않는 사람들에게는 의무적인 사항이 된다. 순례를 다녀온 사람의 이름 앞에는 '순례자(핫지al – Ḥajjī)'라는 칭호가 붙는다.

20세기 제2차 세계대전 전까지는 연간 순례객들의 수가 10,000여 명 정도로 적었으나, 오늘날에 이르러선 수백만 명을 웃돌고 있다. 항공 교통은 하즈를 다녀오는 일을 다소 수월하게 만들어 주었으나, 백만 명 이상의 순례자들이 참여하기 때문에 순례는 한층 더 힘들게 되었다. 정해진 특정 순간에 모든 순례자들이 같은 장소에서 같은 의례들을 올리기 때문이다. 예를 들어, 순례자들의 인원수 때문에 카바 주변을 돌 때도 대사원 밖에까지 사람들로 넘쳐날 뿐만 아니라, 이

의례를 거행하기도 매우 어렵다.

움라(al-'Umrah, '규모가 작은 순례 또는 방문')는 하즈를 단축시켜 놓은 형태로서, 아무 때나 할 수 있다. 움라 의례는 1시간이나 1시간 반 만으로도 끝날 수 있으며, 재건축되어 증축된 메카 대사원 내부에서만 이루어진다. 움라는 카바 주위를 일곱 번 도는 의례와 싸파와 마르와(Ṣafā and Marwah) 사이를 걷거나 뛰면서 일곱 번 왕래하는 의례로 이루어져 있는데, '큰 순례(하즈와 겹치는 때)' 기간을 제외하고는 일 년 중 아무 때나, 낮과 밤에 관계없이 할 수 있다. 대리인 자격으로 다른 사람을 위해 움라를 해 주어도 상관없다. 움라가 하즈의 필요조건을 충족시켜 주지는 못하지만, 움라를 하는 사람들한테도 그것을 행하는 동안만큼은 하지(ḥajjī)라고 불러 준다(움라를 하는 사람에게 붙이는 올바른 칭호는 무타미르(mu'tamir)이다).

지야라(al-Ziyārah)는 종교법에 규정되지 않은 관습으로 종교 의식이 아니며(심지어는 그것을 명백히 금지시킨 하디스 내용과 모순이 되기도 한다), 메디나에 있는 예언자 무함마드의 묘소를 참배하는 것을 말한다. 때로는 좀 더 의미를 확대시켜 지야라라는 단어를 신성한 장소를 참배하는 행위에 적용시키기도 한다. 그러한 참배는 대대로 내려오는 진행 순서에 따라 거행되는 경우가 많다. 비록 이런 참배 방문과 관련시켜 기본 예배인 파티하(Fātiḥah)를 항상 염송하고, 종교적 정규 예배까지도 거행하는 경우가 있더라도, 알 지야라에는 사실상 규정된 종교의식은 없다.

카바로 순례를 떠나는 행위는 이슬람 이전에도 있었다. 코란에서 말하기를 이슬람 이전 시대 아랍인들의 순례는 너무나도 타락된 형태여서 "하람 사원에서 그들의 예배는 휘파람이나 손뼉 치는 것이었다."고 하였다(8:35). 예언자는 그 시대부터 존재하던 순례의 기초하여 새로운 방법을 제시하였다. 두 차례의 순례란 후다이비야(Ḥudaybiyyah) 협정을 맺은 후인 히즈라 7년(629년 3월)에 다녀온 순례와 히즈라 10년(632년 3월)에 다녀온 '고별' 순례를 말한다. 본보기가 될 전형적인 형식이라는 관점에서는 고별 순례가 더 중요하다.

하즈는 메카의 대사원(마스지드 알 하람, al‑Masjid al‑Ḥarām)과, 주변의 미나(Minā), 무즈달리파(Muzdalifāh), 아라파트('Arafāt)에서 이루어진다. 아라파트는 메카 주변의 넓은 평원으로 성역(ḥarām) 밖에 위치해 있다. 아라파트의 한편에는 자비의 산(jabal raḥmah)이라 불리는 조그마한 언덕이 하나 솟아 있다. 평원 전체는 아라파트에서 '서 머물기(우꾸프 wuqūf)'를 하기에 적당하다. 메카에서 가장 가까운 곳에 위치한 미나는 주변이 산으로 둘러싸여 있고, 이곳에는 하즈 기간에 순례자들이 돌을 집어 던지는 기둥들이 있다. 무즈달리파는 미나와 아라파트 사이에 위치해 있다. 모든 의례들이 그러하듯이 하즈나 움라도 니야(al‑niyyah, '의도ㆍ결심')를 말하는 것으로 시작되는데, 이흐람을 입는 것과 밀접한 관련이 있다. 이흐람(iḥrām)이란 정화한 상태에서 솔기가 없는(바느질이 안 된) 두 개의 천 조각으로 만든 원초의 의상을 입는 것을 말한다.

움라 의례는 다음과 같다. 움라를 행할 의사가 있는 순례
자들은 메카 주변의 성역에 발을 들여놓기 전에 이흐람을 몸
에 걸친다. 이미 메카에 들어와 있는 사람들은 주라나
(Ju'ranah) 사원처럼 성스러운 지역 경계선상에 있는 특정 사
원들로 가서 이흐람을 입는다. 해외에서 오는 순례자들은 각
자 출발한 나라에서부터 이흐람을 입을 수도 있지만, 대부분
은 젯다에 와서 이흐람을 입는다.

1. 순례자들은 카바에 도착하자마자 카바 주위를 일곱 번
   돈다.
2. 그 뒤를 이어, <검은 돌>과 출입문 사이의 물타잠(al-
   multazam)이라는 곳에서 카바의 벽에 몸을 맞대고 개인
   적으로 기도(두아 du'ā')를 올린다. 한꺼번에 많은 수의
   순례자들이 몰리기 때문에 정확한 장소에서 이 의식을
   거행하기란 여간 어려운 것이 아니므로, 실제로는 대개
   의 순례자들이 약간 떨어진 <아브라함의 머문 곳>(마
   깜 이브라힘 maqām ibrāhīm) 근처에서 카바를 마주 보
   고 예배를 올리게 된다.
3. 그다음 순례자들은 <아브라함의 머문 곳>에서 두 라
   카아트(raka'āt)의 예배를 올린다. <아브라함의 머문 곳>
   이란 아브라함의 발자국이라 여겨지는 자국이 새겨진
   돌이 조그마한 정자이다.
4. 순례자들은 잠잠(Zamzam)이란 샘물을 마신다. 이 샘물
   은 대사원 경내의 샘물에 수로를 파서 만든 급수소에

있으며, 계단을 통해 올라가야 한다. 또는 대사원 곳곳에 마련된 식수대에서도 마실 수 있다.

5. 그런 뒤 순례자는 싸파와 마르와 언덕 사시 지역을 일곱 번 오가는 달리기 의례(사이 sa'y)를 하러 간다(싸파에서 마르와까지를 한 코스로 치며, 마르와에서 싸파까지를 또 다른 한 코스로 친다). 이 의례는 싸파에서 시작되어 대사원의 멀리 떨어진 끝인 마르와에서 끝을 맺는다. 이곳에서 순례자는 머리카락을 잘라 내는데, 이는 움라 의례와 이흐람의 상태가 끝이 났음을 의미하는 것이다.

처음 순례를 온 사람은 흔히 움라 의례를 인도해 줄 무따우위프(muṭawwif)라 불리는 전문 안내인을 고용하기도 한다. 예로부터 단계별 의례에 합당한 낭송문이 있지만 꼭 그대로 지켜야 할 필요는 없다. 간단히 말로 하는 예배로 대체되기도 한다.

하즈는 좀 더 규모가 큰 의례로서 여러 날에 걸쳐 계속된다. 이흐람도 움라 때보다 메카에서 훨씬 더 멀리 떨어진 곳, 즉 각각 미까트(al-mīqāt)라 불리는 경계선들 중 한 곳에서 입어야 한다. 각자의 나라를 떠날 때부터 이흐람을 입고 오는 순례자들도 많은데, 그중에서도 특히 항공편으로 도착하는 순례자들이 그러하다.

하즈를 하겠다는 니아(niyyah)는 움라가 어떤 식으로 하즈와 결합되었느냐에 따라 다양하다. 아래의 세 가지 경우가 있다.

1. 이프라드(Ifrād): 하즈만을 의미함. 움라를 하려는 의도
   는 부차적이어서 하즈의 시발지점인 메카에 도착한 후
   세운다. 이를 위한 두 번째 이흐람은 메카의 하람 경계
   지점에서 입는다.

2. 타맛투(Tamattu'): 단절된 순례, 순례를 올리기 얼마 전
   에 먼저 움라를 행하려고 이흐람을 입는다. 이흐람의
   상태가 종결되고, 더 큰 순례, 즉 하즈를 올릴 순간이
   올 때 새로운 이흐람의 상태는 다시 시작한다.

3. 끼란(Qirān): 정확한 이흐람 상태가 중단되지 않고 움라
   와 하즈를 결합하여 한꺼번에 계속하는 것.

큰 순례, 즉 하즈 의례의 일정(日程)은 다음과 같다.

첫째 날(두 알 히자(Dhū al-Ḥijjah)월 8일)

이날의 명칭은 야움 알 타르위야(yawm al-tarwiyah '숙고
와 반성의 날')이다. 순례자들은 메카에 도착하기 전, 메카
외곽의 마와끼트(mawāqīt) 중 한 곳에서 이흐람을 입어야 한
다. 만일 순례자가 타맛투(tamayyu, 이흐람 Iḥrām)에 따라 단
절된 순례를 다시 계속하고, 이흐람을 벗어 버린 상황이라면,
아침 일찍 머리카락과 손톱을 자르고 완전한 세정식을 하고
랍바이카 알 라훔마 랍바익(labbayka-Allāhumma labbayk "당
신을 모시겠습니다, 나의 하느님, 당신을 모시겠습니다.")이
라는 탈비야(talbiyah) 예배문을 말한 후 이흐람을 다시 입어
야 한다.

1. 순례자가 아직 따와프 알 꾸둠(ṭawāf al – qudūm '도착하여 도는 것')을 행하지 않은 상태라면, 당장 그 의례를 거행하야만 한다. 즉 카바 주의를 일곱 번 도는 것이다(따와프(Ṭawāf) 순례 기간 중 이때 카바를 도는 의례는 선택 사항이지만, 말리키 학파에서는 의무사항(파르드 farḍ)이라고 본다. 순례자들의 숫자가 많기 때문에 <검은 돌>에 다가가 입을 맞추기가 곤란하다. 그래서 <검은 돌> 옆을 지나갈 때 실제로도 그것을 만지지 않으면서 그 돌을 향해 입을 맞추는 흉내를 하는 것만으로도 충분하다).

2. 일곱 바퀴를 다 돈 다음, 순례자는 <검은 돌>과 카바의 출입문 사이의 장소 또는 이 구역의 맞은편 장소에서 각자 예배를 드린다.

3. 그런 다음 순례자는 <아브라함의 머문 곳>(마깜 이브라힘 maqām ibrāhīm)이나 그 근처로 가서 두 라카아트의 예배를 올린다.

4. 순례자는 잠잠 샘물을 마신다. 이 단계까지는 순례 의례들이 하즈의 한 구성 요소이기도 한 움라의 의례들과 아주 똑같다. 하지만 여기서부터는 의례들이 서로 달라진다. 움라와 병행해서 순례를 올리고 있는 사람(qirān)이라면(이흐람(Iḥrām) 그 경우 순례자를 무끄린이라 부른다), 이제 움라와 하즈 모두에 중요한 <달리기 의례(sa'y)>를 거행해야만 한다. 또는 두 번째 걸어서 도는 의례(ṭawāf al – ifāḍah)를 할 때까지 <달리기 의례(사이

sa'y)>를 미룰 수도 있다. 하즈 의례만을 따로 올리거나 (ifrād) 움라(tammattu')와는 별개로 분리시켜 거행하는 사람들은 따와프 알 이파다(ṭawāf al-ifāḍah 또는 ṭawāf al-Ziyārah)를 한 후에 사이(sa'y) 의례를 한다. 대사원에서 올릴 의례들이 다 끝나면, 순례자는 미나로 떠나 새벽 예배를 볼 때까지 그곳에서 밤을 보낸다. 미나에 머무르는 이 의례는 하나피 법학파와 말리키 법학파에게는 의무사항인 반면에, 다른 법학파들에게는 권장 사항이다. 그렇기 때문에 미나에 밤을 보내는 사람들도 있고, 메카에서 곧바로 아라파트로 향하는 사람들도 있다.

둘째 날(두 알 히자 Dhū al-Ḥijjah월 9일)

이날을 야움 알 우꾸프(yawm al-wuqūf '머문 날') 또는 야움 아라파트(yawm al-'Arafāt '아라파트의 날')이라고 부른다. 아직 아라파트에 가지 못한 사람들은 미나에서 새벽 예배를 올린 후 아라파트로 떠난다. 아라파트에서는 이맘의 인도 하에 오후 예배와 저녁 예배를 한꺼번에 결합, 단축시켜 올리게 된다. 한번 아단(adhān '일반적으로 예배 시간을 알리는 외침 소리')을 알릴 때 두 번의 이까마(iqāmah '예배 올리기 바로 직전에 모여 있는 참석자들에게 알리는 소리')를 한다.

우꾸프(wuqūf '서 머물기', 실제로 서 있을 필요는 없다)는 하즈에 꼭 있어야 하는 주된 요소(rukn)이다. 대개의 경우 순례자들은 정오부터 일몰 때까지, 다시 말해 낮의 일부와 밤의 일부를 아라파트에서 머무른다. 말리키, 하나피, 샤피이 법학파들에는 이런 행위가 선택사항이나, 한발리파들은 아침부터 하루 종일 아라파트에서 보낸다. 어떤 사람들은 두 알히자월(月) 10일 일출 때까지 아라파트에 머물러 있어야 한다고 강조한다. 그러나 때로는 하디스 구절의 내용에 의거하여, 10일 해가 떠오르기 전까지 아라파트에 아무 때에 머무르더라도 <서 머물기>의 필요조건사항을 충족시킨다는 지적도 나온다. 해가 뜨고 나면 이 의무사항을 실행에 옮길 시간은 분명하게 지나가 버리는 것이고, 아라파트에 <서 머물기> 의식을 하지 않으면 하즈가 안 되는 것이다.

'아라파트의 날' 동안 순례자는 탈비야(talbiyyah)를 자주 염송해야만 한다. 탈비야는 실로 순례의 중요한 간원 기도이다. 이날의 상징적 의미는 하나님께 근엄하게 간원하여 자신의 양심을 검사하여 최후 심판의 날을 미리 경험해 보는 데 있다.

아라파트에서는 '자비의 산'(Jabal Raḥman) 언덕을 오를 필요는 없다. 실제로 참여자들의 숫자가 엄청나기 때문에, 언덕을 오르지 않는 것이 더 안전하다. 아라파트의 아무 장소에서나 우꾸프 의례를 거행해도 상관없다. 순례자는 머리에 어떤 것도 써서는 안 되지만, 양산은 들어도 된다. 그리고 사실 그렇게 하는 것이 더 바람직하다. 대부분의 순례자들은 해가 진 다음 무즈달리파(Muzdalifah)를 향해 떠나는데, 말 그래도 이파다(ifāḍah '넘쳐남') 또는 나프라(nafrah '돌진')의 형태로 간다. 탈비야 예배문을 염송하는 것도 그만 끝을 맺는다. 무즈달리파에서는 일몰예배와 밤예배를 한꺼번에 묶어 밤예배 시간('ishā)에 예배를 올린다. 순례자는 무즈달리파에서 밤을 보낸다.

셋째 날(두 알 히자 Dhū al-Ḥijjah월 10일)

순례 참여자들에게 이날은 야움 알 나흐르(yawm al-nahr '희생의 날')라 불린다. 또한 무슬림 세계 전역에서 이날은 이드 알 아드하('Īd al-Adhā '희생제')라 부르는 명절이어서 축제를 벌이며 경축한다. 무즈달리파에서 새벽예배를 올리고, 탁 트인 지역인 마샤르 알 하람(al-Mash'ar al-Ḥarām)이라는 기념물을 참배한다. 미나에 이틀 동안 머무를 순례자는 49개의 돌멩이를, 미나에 사흘 동안 머무를 순례자는 70개의 돌멩이를 모은다. 이렇게 모으는 돌멩이들의 크기는 대략 메추리알 크기만 해야 하며, 머물러 있는 날 동안에 악마를 상징하는 돌기둥(al-jamarāt)들을 향해 이 돌을 던지는 것이다.

미나로 가는 도중에 순례자는 와디 무핫싸르(al-wādī Muḥaṣṣr, Wādī Nār)라는 저지대를 지나가게 된다. 이곳은 에치오피아의 코끼리 군대가 쫓겨 간 장소이다. 그래서 이곳은 '고통받은 장소'이기 때문에, 순례자들은 지체함이 없이 서둘러 지나가 버린다.

미나에 도착하자마자 순례자는 가장 큰 돌기둥인 자마라트 알 아까바(jamarat al-'aqabah)에 일곱 개의 돌멩이를 던진다. 이 돌기둥은 악마의 유혹을 상징하는 것이다. 이날 돌 던지기 의례는 의무사항이다.

돌멩이 일곱 개의 던지기가 끝나면, 두 알 히자월 제12일이 지나기 전까지 아무 때에라도 제물을 바치면 된다(제10일에는 제물을 바치려는 사람들로 붐빈다. 그래서 현명한 순례자라면 다음 날까지 제물을 바치는 의례를 미루기도 한다). 제물은 낙타, 황소, 양이 된다. 순례 기간과 그 이후의 7일을 합쳐 전체 열흘 동안 단식을 하는 것으로 실제 피를 흘려 제물을 바치는 일을 대신하기도 한다. 그런 샤피이 법학파들에게 피를 흘려 제물을 바치는 의례는 다른 일로 대체될 수 없는 사항이다.

바로 이 순간에 순례자는 자신의 머리카락을 자른다. 여성은 상징적으로 머리카락을 자르지만, 남자는 머리를 완전히 면도해야만 한다. 그러나 머리카락을 자르는 것이 남성에게도 용인될 수 있다. 이흐람 상태가 끝나면 순례자는 평상복을 입어도 된다. 하지만 이흐람과 관련된 금욕적인 조건들은 순례자가 미나를 완전히 떠날 때까지 지속되어야만 한다.

이제 순례자는 메카로 가서 따와프 알 이파다(ṭawāf al-ifāḍah '고심(苦心)의 돌기', ṭawāf al-Ziyārah '성지 방문의 돌기'라고도 함) 의례를 한다. 만일 그 이전에 이 의례와 '달리기 의례(sa'y)'를 하지 않았다면 13일 일몰 때까지 하더라도 상관없다.

마지막 날들(두 알 히자 Dhū al-Ḥijjah월 11일, 12일, 13일)

아얌 알 타쉬릭(ayyām al-tashrīq '육고기 말리는 날들')이라 불리는 이 기간 순례자는 미나에 머무르면서 매일 세 개의 자마라트(jamarāt '돌기둥들')에 각각 일곱 개의 돌멩이를 던진다. 아라파트에서 가장 가까운 작은 잠라(jamrah '돌기둥들')에 먼저 돌을 던진 후, 중간 크기의 잠라 그리고 큰 잠라 순으로 돌을 던진다. 이 기둥들은 미나의 골짜기에 일렬로 서 있는데, 지금은 두 방향의 경사로를 통해 접근할 수 있다. 일몰과 일출 사이, 즉 어두워진 후에는 돌을 던져서는 안 된다. 첫째 날에는 정오 이전에, 다른 날들에는 정오가 지나서 돌을 던지는 것이 순나(Sunnah '관행')이다. 해가 지기 전에 길을 떠나거나, 일몰 때까지 사실상의 출발 준비를 마친 경우에는 12일에 출발함으로써 순례를 끝마쳐도 좋다. 그렇지 않은 경우라면 13일까지 머물러 있어야 한다. 만일 순례자가 던질 돌이 더 필요하다면, 미나에서 주워 모을 수도 있다. 메카를 떠나면서 순례자는 대개 따와프 알 와다(ṭawāf al-wadā', '작별을 고하는 돌기')를 한다. 이 의례는 의무사항은 아니지만, 권장 사항이다.

"순례는 마을을 향해 떠나는 여행이다."라는 말이 있다. 가장 멀리 떨어진 이슬람 세계에서 매년 홍수처럼 밀려오는 순례객들은 멀리 떨어져 있는 이슬람 공동체들을 정신적으로 새롭게 해 주는 놀랄 만한 수단이 되어 왔고, 그로써 이 공동체들은 이슬람의 중심으로 한층 더 분명하게 가까워지는 것이다.

역사적으로도 순례는 이슬람 공동체를 구성하는 다양한 인종들과 민족들을 한데 엮어 묶는 수단이 되어 왔다. 지구상에서 무슬림들의 순례(하즈)에 견줄 만한 행사는 아무것도 없다. 순례가 사회적 결합을 위해 공헌을 했다는 점 외에도, 과거에는 학문과 사상들을 교류하기 위한 여행이기도 했다. 메카 여행을 다녀오는 것은 많은 학자들에게 지식 활동의 전환점이 되었다. 하즈가 다른 지식을 지닌 사람들과 만날 수 있는 기회를 제공해 주기 때문이다. 무라비뚠(al-Muābiṭūn) 운동도 한 사람의 순례에서 생겨난 것이었다. 또한 그에 못지않은 중요한 사건들도 하즈의 결과에서 비롯되었다고 할 수 있다.

육로나 바다로 여행을 하던 시절에 교통수단을 마련할 수 없었던 사람들은 서아프리카에서 메카까지 걸어서 갔었다고 한다. 그런 식으로 순례를 다녀왔던 사람들이 20세기 말엽에도 많이 생존해 있었다. 그 당시에는 가는 데만 2년, 돌아오는 데도 2년씩 걸리곤 했는데, 순례자들이 가는 도중에 머물러 살기도 했기 때문이다. 중동에 그냥 정착한 사람들도 많았다. 특히 메카와 메디나에는 인도인, 말레이인, 인도네시아인, 예전에 그곳에 와서 정착한 아프리카 순례자들의 공동체가 있다. 그와 마찬가지로 카이로, 다마스커스, 바그다드에는 순례 여행의 역참들이 있어서, 매년 밀려드는 순례자들에게 필요한 물건들을 제공해 주었다. 오늘날 이 순례자들은 항공편으로 여행을 한다.

메카로 가는 순례 여행의 마지막 역참 역할을 하는 이들 도시에 모여들던 순례단들은 20세기 중반에 접어들면서 자취를 감추어 버렸다. 그래도 이들 순례단이 오가던 길이 아직까지도 남아 있다. 현재 사우디아라비아의 이웃 나라들에

서 오는 순례자들은 자동차를 타고 온다. 순례자들의 숫자와
더불어 순례의 경제적 중요성도 증가되어, 메카와 메디나의
경제뿐만 아니라, 어느 정도 젯다의 경제생활까지도 좌우하
고 있다. 그뿐 아니라 순례는 파키스탄, 터키, 나이지리아,
인도네시아의 경제에도 중요한 역할을 차지한다. 이들 나라
의 국민들은 오늘날까지도 대규모로 순례에 참가하고 있기
때문이다.[6]

(2) 이드 알 아드하('Īd al-Aḍhā, '희생제')

이드 알 아드하는 이드 알 카비르(큰 명절)로 알려져 있기
도 하다. 터키에서는 쿠르반 바이람(kurban bayram)으로 알려
져 있으며 이슬람력에서 가장 중요한 축제일이다. 이 축제일
은 또한 메카(Mecca) 순례여행의 절정인 두 알 히자(Dhū al
-Hijjah)월 10일이다. 순례여행을 하지 않은 사람들에게 이
축제는 가축을 제물로 바치는 집단 예배의 하나이다. 그 제
물의 바침은 메카에 순례여행을 하는 사람들에게는 순례의례
의 끝을 의미한다.

이 축제는 아브라함(Abraham)이, 자기 아들을 약속한 대로
제물로 바치려고 했는데 하느님이 면제해 주시고 그 대신 숫
양을 희생시킨 데 대한 기념 축제일이기도 하다. 아브라함이
하느님에게 순종한다는 것을 굳게 확인하였을 때, 대천사 가
브리엘이 마지막 순간에 아브라함의 아들 대신에 숫양 한 마

---

6) 김정위, 같은 책, pp.376-381.

리를 가져다준 것이다. 이 아들 이름은 코란에는 나오지 않지만 이슬람에서는 보통 희생양의 이름이 이스마일(Ismā'īl, 즉 성경의 이쉬마엘(Ishmael))이었을 것으로 본다. 이스마일이 진정 약속한 희생양이었다고 주장하는 주석자들은 아들을 다시 얻을 수 있으리라는 희망도 없는 나이에 외아들을 제물로 바치려던 아브라함의 본마음은 그의 순종이 얼마나 위대하고 깊은지를 보여 준다고 한다. 또한 둘째 아들 이삭(Issac)은 아브라함이 하느님에게 완벽하게 순종한 것에 대한 보상이라 여긴다.

이슬람에서 아브라함이 신에게 살아 있는 가축을 제물로 바친 장소는 메카의 외곽에 위치한 미나로 보고 있다. 순례 여행 동안에 돌을 던지는 미나(Minā)의 돌기둥들은 아브라함을 유혹하여 신에게 제물을 바치지 말 것을 세 번이나 권했던 악마를 상징한다.

이드 알 아드하(Īd al−Adhā)의 아침에 사람들은 보통 드넓은 들판이나 집단예배가 이루어지는 공공장소에 모이는데 이드('Id, '축제')의 예배는 본래 그 공동체나 도시의 구성원 모두가 함께하기 때문이다(예배(Prayer)). 예배 후에, 이맘(Imām)은 국가나 공동체를 위해 양 한 마리를 제물로 바치며, 자기 가족을 위해 또 한 마리를 바친다. 신자들은 가정으로 돌아가고 각 가장은 자신의 가족을 위해 양이나 낙타 혹은 소 한 마리를 제물로 바친다.

　제물을 신에게 바치는 일은 대개 남자가 하지만 반드시 가장이 하는 것은 아니다. 그 남자는 메카(Mecca)를 향하고 이 의례의 목적인 니아(niyyah, 본래 깨끗한 본성과 행동의 의도를 말함)를 읊고 하나님에게 제물을 바치는 사람들의 이름을 말하고, 비스 밀라(bismi – Allāh, '알라의 이름으로')와 알라 후 아크바르(Allāhu akbar, 알라는 가장 위대하시다)를 말한다. 그러고 나서 동물의 목을 자르는데, 숨통과 경정맥 모두를 단숨에 잘라 낸다(희생제(Scarifice)).

　합당한 남자어른이 없으면 여자도 제물 잡는 일을 할 수 있다. 그러나 보통 가장이 되는 여성들은 남자친척 또는 그 고장 사원의 이맘에게 여자구성원을 대신해서 제물을 잡아 줄 것을 부탁한다. 그 축제는 3일간 계속되며, 주로 가족 간의 방문으로 이루어진다. 신에게 제물 바치는 일은 하느님이

신성하다는 사실을 새롭게 인식하며 원조의 사제 기능을 계속 이어 준다.

예언자는 자신과 메카에서 메디나로 그를 따라온 이주민들이 메카 순례를 하지 못한 히즈라 두 번째 해에 메디나에서 그 축제를 시작하였다.

(3) 두 알 히자의 기념일

8	Husayn ibn 'Alī, 메카에서 카르발라로 출발
19	Fatimah, 'Alī와 결혼 후 알리의 집으로 들어감
25	Imam Ali, 칼리파직 수락

3. 이슬람 세계와 축일

　이슬람 세계에는 이드 알 피뜨르와 이드 알 아드하, 두 가지 종교적인 주요 축제가 있다. 이 두 축제는 순니와 쉬아 무슬림들에게 모두 인정되고 있으며, 사회·문화적인 면모를 잘 나타내 주고 있다.

　한편, 이슬람 세계는 태음력을 사용하기 때문에 날짜가 항상 바뀌게 된다. 쉬아 무슬림들과 순니 무슬림들의 날짜계산도 항상 일치하지 않는다. 때문에 같은 행사라도 며칠의 차이가 생겨나게 된다.

　이슬람의 날짜 계산은 일몰 후부터 다음 일몰까지를 하루로 보기 때문에 태양력을 사용하는 우리에게는 매우 생소할 수 있다. 그러나 복잡한 계산에도 불구하고 종교적 열망과 신앙심으로 축일을 지키고 항상 신에게 귀의하려는 무슬림들의 신앙심은 실로 대단하다 할 것이다.

저 자

임주인   (스페인)서울대학교 박사 스페인문학 전공
장니나   (프랑스)파리 Ⅷ대학교 박사 프랑스어학 전공
최자영   (그리스)이와니나대학교 박사 역사학 전공
김희정   (이탈리아)밀라노 가톨릭대학교 박사 이탈리아문학 전공
우덕찬   (터키)하제테페대학교 박사 역사학 전공
신성윤   (이스라엘)히브리대학교 박사 구약학 전공
이효분   (이슬람)한국외국대학교 박사 중동정치학 전공
최재훈   (이슬람)한국외국대학교 박사 국제관계학 전공

〈지중해 국가정보 시리즈 Ⅱ〉

지중해의 일상과 축제

: 열정과 환희의 파노라마

초판인쇄 | 2010년 7월 30일
초판발행 | 2010년 7월 30일

지은이 | 지중해지역원
펴낸이 | 채종준
펴낸곳 | 한국학술정보㈜
주 소 | 경기도 파주시 교하읍 문발리 파주출판문화정보산업단지 513-5
전 화 | 031) 908-3181(대표)
팩 스 | 031) 908-3189
홈페이지 | http://ebook.kstudy.com
E-mail | 출판사업부 publish@kstudy.com
등 록 | 제일산-115호(2000. 6. 19)

ISBN   978-89-268-1273-0 93380 (Paper Book)
        978-89-268-1274-7 98380 (e-Book)

이담
books 는 한국학술정보(주)의 지식실용서 브랜드입니다.